# Der Kernöl-Kommunismus

## Wo der Erfolg der steirischen KPÖ herkommt und wo sie hin will.

Jonas Vogt

# Der Kernöl-Kommunismus

Wo der Erfolg der steirischen KPÖ
herkommt und wo sie hin will.

Jonas Vogt
Der Kernöl-Kommunismus
Wo der Erfolg der steirischen KPÖ herkommt und wo sie hin will.

Verlagsleitung: Martin Rümmele
Lektorat: Marketingfabrik - E. & F. Gabner GmbH
Umschlaggestaltung: Daniela Radler, ampuls verlag/Gesund
kommunizieren Media KG
Bildnachweise: Simon Gostentschnigg (Seiten 12, 28, 100);
Georg Fuchs (Seite 72); Bildarchiv der KPÖ (Seiten 41 bis 69);
Nikolaus Ostermann (Seite 143).
Layout, Gestaltung, Satz: Daniela Radler
Hersteller: Marketingfabrik E. & F. Gabner GmbH
Erschienen bei: ampuls verlag, eine Marke der Gesund
kommunizieren Media KG
Copyright © 2022 ampuls verlag
ISBN: 978-3-9519818-9-5

# Inhalt

# Einleitung

Jede Region hat ihre lokalen Besonderheiten. In der Steiermark sind das Kürbiskernöl, Äpfel und die Kommunist:innen. Die Landesorganisation der Kommunistischen Partei Österreichs (KPÖ), die seit 2004 autonom von der Bundesorganisation agiert, sitzt in dem Bundesland mit zwei Abgeordneten im Landtag. Das könnte man noch als Kuriosität ohne wirkliche Folgen abtun. Aber es gibt ja noch mehr. In Graz, der Hauptstadt der Steiermark, hat die KPÖ seit den 1980er Jahren einen langsamen, aber stetigen Aufstieg hingelegt und stellt seit November 2021 die Bürgermeisterin. Und in Leoben, einer der Ecken Österreichs mit Stahlindustrie, ist sie auf lokaler Ebene ebenfalls stark. Das kann kein Zufall sein. Irgendwas scheint da zu sein mit der Steiermark und den Kommunist:innen.

Weil dieses Buch auch für Menschen lesbar sein soll, die sich in Österreich nicht so gut auskennen, hier ein brutal kurzer Durchlauf, was man über die Steiermark und Graz wissen muss: Die Steiermark ist eines von neun Bundesländern in Österreich. 1,25 Millionen Einwohner:innen leben auf knapp 16.400 Quadratkilometern, das ist circa die Fläche von Thüringen oder Schleswig-Holstein. Das Land hat viele Gesichter, von der industriell geprägten Obersteiermark bis zu dünn besiedelten, agrarischen Ecken im Osten mit Weinbau, Äpfeln und Kürbissen. Regiert wird sie seit 1945 mit zehn Jahren Unterbrechung von der Österreichischen Volkspartei (ÖVP), einer Schwesterpartei der deutschen CDU.

Die Landeshauptstadt Graz hat 300.000 Einwohner:innen und ist damit die zweitgrößte Stadt Österreichs. Die Nationalsozialisten gaben ihr den Namen „Stadt der Volkserhebung", sie selbst sich später das Label „Menschenrechtsstadt". 2003 war sie Kulturhauptstadt Europas. In der Innenstadt ist das Stadtbild geprägt von der Mur, die die Stadt in ein „gutes" und ein „schlechtes" Ufer teilt (so wie in quasi jeder Stadt, durch die ein Fluss fließt). Und den massiven Schlossberg, der sich mitten in der Stadt erhebt und genau das ist, was der Name verspricht. Offiziell ist Graz eine Großstadt, es fühlt sich aber oft nicht so an. Sie ist das Zentrum der Region und eine Student:innenstadt mit entsprechendem Angebot an Gastronomie und Nachtleben, in der man aber trotzdem seine Ruhe haben kann, so man denn will. Das liegt auch an der fast absurden Wien-Lastigkeit Österreichs: In Wien würde Graz sechs Mal hineinpassen. Damit das Verhältnis zwischen Berlin und Hamburg ähnlich wäre, müsste Ersteres über 10 Millionen Einwohner:innen haben anstatt dreieinhalb.

Als die Kommunistin Elke Kahr im November 2021 an der Spitze einer dunkelrot-grün-roten Koalition Bürgermeisterin von Graz wird, strahlt diese Nachricht über Österreich hinaus. *Die Zeit*, *Der Spiegel*, sogar die *New York Times* widmeten ihr große Porträts. Eine Kommunistin als Bürgermeisterin einer Großstadt ist eine Anomalie, und Medien lieben Anomalien. Wenn etwas irgendwo ganz anders ist als anderswo, muss man da hin.

Elke Kahr, die freundliche Kommunistin, kennt man. In Deutschland seit Neuestem, in Österreich schon deutlich länger. Darüber hinaus wird es dann schon schwammiger. So viel wissen die Menschen, die nicht zufällig Steirer sind, gar nicht über diese lokalen Kommunist:innen, die da manchmal in den Nachrichten sind. Nur dass sie irgendwie anders sein sollen als Kommunist:innen anderswo. Fragt man bei Leuten herum, kommen Dinge wie „Die verteilen irgendwie Geld" und „Die kümmern sich um die Leute", aber auch „die sind gegen Sanktionen/pro-russisch". Kein schwarzes Loch, aber ein sehr graues beziehungsweise dunkelrotes.

Und das gilt ja nicht nur für die Grazer Partei. Wenn man nicht zufällig Politikwissenschaft an der Universität Wien studiert oder in einschlägigen linken Beisln verkehrt, begegnet man ja kaum Kommunist:innen. Noch schlimmer: Man sieht es ihnen oft gar nicht an. Jede:r könnte dazugehören. Wer das Internet kennt, weiß zumindest, dass sie gute Memes haben. Das war's aber auch schon. Und zu guter Letzt erstreckt sich das Viertelwissen ja oft auch noch auf den Kommunismus selbst. Es ist ein schwammiges Feld: Es hat irgendwas mit Marx, Planwirtschaft, Sowjetunion und Arbeiter:innen zu tun. Aber warum muss dieses Proletariat zum Diktator werden? Und was ist eigentlich der Unterschied zwischen Kommunismus und Sozialismus? Das Interessante am steirischen „Kernöl-Kommunismus" ist, dass er Dinge zusammenführt, die sich gedanklich nicht leicht zusammenführen lassen. Kommunismus steht zumindest ästhetisch für Gigantomanie: massige Gebäude, übertrieben große Paraden und volkswirtschaftliche Fünf-Jahres-Pläne. Kommunismus ist ein großes Wort, Lokalpolitik ist das Gegenteil. Es hat den Vibe eines Gasthaus-Hinterzimmers oder einer stickigen Sporthalle mit Biertischen, auf denen nicht mehr ganz frischer Kaffee in Thermoskannen steht.

Wie soll also kommunistische Lokalpolitik funktionieren? Wie soll so etwas auf Gemeindeebene, die kleinste politische Einheit, herunterskaliert werden?
Irgendwann entstand die Idee, ein Buch über die KPÖ Steiermark zu schreiben, das genau solchen Fragen nachgeht. Was macht man dort anders als andere kommunistische Parteien? Macht man überhaupt etwas anders? Was dann folgte, war vor allem viel Arbeit: mehrere Aufenthalte in Graz; diverse Gespräche on und off records; viel Lektüre; und Sichtung des Bilderarchivs der steirischen KPÖ. Das Buch ist nicht aus kommunistischer Perspektive geschrieben, spricht ihnen das Existenzrecht aber auch nicht von vornherein ab. Es ist der Versuch, zu beschreiben, wie diese politische Konstellation, die ebenso große Faszination wie Ablehnung auslöst, zustande gekommen ist. Wie kann es sein, dass gerade in der Hauptstadt der Steiermark eine Partei an der Macht ist, die in anderen Ländern längst in die Obskurität abgeglitten

ist? Und was tun die da genau? Das Buch versucht, nicht den Ballast der gesamten Welt nach Graz zu tragen. Die Haltung der Kommunist:innen zu Russland, zu den im Namen des Kommunismus begangenen Verbrechen wird Thema sein (das Kapitel 8 beschäftigt sich ausschließlich damit). Aber wer Kulturkämpfe sucht, muss etwas anderes lesen. Konstante Empörung ist keine interessante Perspektive für ein Buch. Und bevor man sich über etwas empört, sollte man es ohnehin erst einmal verstehen. Oder es zumindest versuchen.

In den ersten beiden Kapiteln werden zwei Geschichten erzählt. Die erste ist die Geschichte des 26. Septembers 2021 – des Wahltages –, seines Ablaufs und der Tage, die folgen. Die andere ist die Geschichte von Elke Kahr, deren Leben damit beginnt, dass eine mittellose Frau in der Obersteiermark ihr Neugeborenes in ein Kinderheim gibt und das jetzt Bürgermeisterin ist. Etwas, das sicher nicht „zu ihrer Lebensplanung" gehörte, wie Kahr versichert. Was plausibel klingt: Wer einmal ein hohes politisches Amt ausüben möchte, der kann das wahrscheinlich einfacher haben als bei den Kommunist:innen.

Die nächsten beiden Kapitel springen weit zurück: zum großen Schisma der Arbeiter:innenbewegung, der Spaltung in – im Wesentlichen – Sozialdemokratie und Kommunist:innen. Die Entwicklung der KPÖ wird im Schnelldurchlauf nachgezeichnet: Vom Hainfelder Parteitag der österreichischen Sozialdemokratie über die wichtigen Jahre 1919/1920 bis zum Verbot der KPÖ im Austrofaschismus und den Widerstand in der NS-Zeit. Es geht um die Rolle der Kommunist:innen ganz zu Beginn der jungen Zweiten Republik, um den Fall der Partei in die völlige Bedeutungslosigkeit und die Inseln, wo sie doch überlebte. Bis zum Jahr 1991, wo sich auf dem Parteitag in Graz die Frage stellte, welche Rolle eine kommunistische Partei in einem westlichen Land nach dem Zerfall der Sowjetunion einnehmen könnte.

Im Kapitel 5 gibt es ein längeres Interview mit Ernest Kaltenegger, dem „Engel der Mieter:innen", der in der KPÖ in Graz ab den 1980er Jahren nicht nur eine zentrale Rolle einnahm, sondern sie auch mit

Mitstreiter:innen wie Elke Kahr langsam umbaute, was gleichzeitig auch in der Landespartei geschah. Um Kaltenegger – der noch erlebte, wie Menschen wegen ihm die Straßenseite wechselten – herum entstanden Prinzipien, Überlegungen und Strategien, die sich noch heute in der KPÖ Steiermark wiederfinden.

Das sechste Kapitel ist der Versuch, eine Antwort auf die zentrale Frage von weiter oben zu skizzieren: Was ist für die steirischen KPÖler:innen Kommunismus, und was macht für sie kommunistische Stadtpolitik zu kommunistischer Stadtpolitik? In Kapitel 7 werden der Klub im Landtag beleuchtet und die Entwicklungen in der industriell geprägten Obersteiermark, wo die steirische KPÖ ein zweites, kleineres Zentrum neben Graz hat.

In Kapitel 8 geht es um die Positionen der Kommunist:innen zu Krieg und Frieden, zu realsozialistischen Ländern von früher und sozialistischen Ländern heute. Es geht um die Diskussionen und die Haltung der KPÖ in Bezug auf den Krieg in der Ukraine und problematische Äußerungen aus der Partei. Und ganz allgemein die Frage, warum es der Partei so schwerfällt, in solchen Fragen eine eindeutige Position zu beziehen. Im Kapitel 9 blickt das Buch auf ein Jahr Koalition in Graz zurück. Was hat funktioniert, was nicht? In welche Richtung hat sich die Stadt bewegt? Bevor es dann im letzten Kapitel um einen Ausblick geht. Und um die Frage, die viele Kommunist:innen und Linke im Allgemeinen bewegt: Ist das „Grazer Modell" kopierbar?

Mit Stand Herbst 2022 kann niemand sagen, wie das politische Experiment in Graz ausgeht. Vielleicht ist die Stadtregierung erfolgreich und wird 2026 wiedergewählt. Vielleicht gibt Elke Kahr das Amt vor der nächsten Wahl an ihren Nachfolger weiter. Und vielleicht zerbricht die Koalition auch. Was man definitiv sagen kann: Die Story der KPÖ Steiermark und ihrer Grazer Bezirkspartei ist eine ungewöhnliche. Das vorliegende Buch ist der Versuch, sie aufzuschreiben.

*Jonas Vogt, Oktober 2022*

Elke Kahr

# 1. Kapitel

# Was passiert hier?

Bei den Gemeinderatswahlen im September 2021 wird die KPÖ in Graz stärkste Kraft. Damit hat niemand gerechnet, am wenigsten sie selbst. Zum ersten Mal geht man nicht als potenzieller Juniorpartner in Koalitionsgespräche, sondern als Partei der zukünftigen Bürgermeisterin.

Im Raum 236 des Grazer Rathauses herrscht Nervosität. Es ist der 26. September 2021, kurz vor 17:00 Uhr. In dem Raum, damals noch Teil des Büros der KPÖ-Stadträtin und Spitzenkandidatin Elke Kahr, hat sich der innere Zirkel aus Partei und Klub versammelt. Robert Krotzer, der zweite Stadtrat der Grazer KPÖ, ist ebenso da wie Klubchef Manfred Eber. Alles schaut angespannt auf die Bildschirme, die Aschenbecher quellen über. In ein paar Minuten wird sich zeigen, ob sich die Arbeit der vergangenen Jahre ausgezahlt hat. 2017 hat die KPÖ knapp 20 Prozent gemacht. Enorm viel, aber immer noch 17 Prozentpunkte hinter der ÖVP mit Langzeitbürgermeister Siegfried Nagl. Die Frage ist nicht, ob man wieder hinter der Volkspartei landet, sondern wie viel.

Etwa zur selben Zeit, vor dem Trauungssaal des Rathauses, kommt Elke Kahr zum Interview-Tisch des ORF. Sie weiß zu dem Zeitpunkt nur, dass der Sender für die erste Reaktion nur sie und den amtierenden Bürgermeister Nagl eingeladen hat. Sie geht davon aus, dass ihre Partei den zweiten Platz hinter der ÖVP gehalten hat. Wolfgang Schaller, Chefredakteur des ORF Steiermark, kommt schnellen Schrittes zu Kahr und hält ihr sein Handy unter die Nase, auf dem die erste Hochrechnung abgebildet ist. „Elke, du weißt schon, dass ihr Erster geworden seid?" Kahr lacht etwas unsicher. Sie hält das für einen Scherz, hat auch ihre Brille nicht mit. Als im ORF die Balken der Hochrechnung hochschnellen, spricht sie hinter den Kulissen sogar von einem „Irrtum". Die ÖVP mit Siegfried Nagl – es ist bereits seine fünfte Gemeinderatswahl – verliert 11,7 Prozentpunkte und landet bei 26 Prozent. Die KPÖ gewinnt 8,3 Prozentpunkte hinzu und ist mit 28,6 Prozent Wahlsieger. Die Zahlen verändern sich im Lauf des Abends noch marginal, die Nachricht aber nicht: Eine kommunistische Partei gewinnt im 21. Jahrhundert in der zweitgrößten Stadt eines westlichen EU-Staats eine Wahl. Das hat so niemand vorausgesehen. Nicht mal die Kommunist:innen selbst.

Im Raum 236 gibt es um 17:00 Uhr einige erstaunte Ausrufe, die in eine Art kollektiven, glücklichen Schock übergehen. Es ist still, für eine kurze Zeit wird sogar weniger geraucht. Auf dem Bildschirm sehen die langjährigen Aktivist:innen der KPÖ Elke Kahr, wie sie neben ihrem Konkurrenten Nagl steht und mindestens genauso überrascht über den Sieg ihrer Partei wirkt wie er. In den Köpfen beginnt es zu rattern: Heißt dieses Ergebnis, dass wir wirklich das Bürgermeisteramt bekommen könnten? Und wenn ja – sind wir als Partei bereit dafür?

Es ist viel geschrieben worden über die Gründe für den historischen Sieg der KPÖ im September 2021. Die Wahrheit ist: Wir kennen sie nicht genau. Es gibt kaum Forschung zu dem Thema, keine belastbaren Umfragen. Aber die Menschen, mit denen man in Graz und Umgebung spricht, die sind sich erstaunlich einig. Vor allem darin, dass es nicht ausreicht, die Gründe dafür in den Wochen und Monaten vor dem Wahlsonntag zu suchen. Wer eine Erklärung für das Ergebnis will, der muss früher ansetzen. Sehr viel früher.

Kaum ein Mensch hat Graz in den vergangenen 20 Jahren so geprägt wie Siegfried Nagl, vielfach „Sigi" genannt. Nagl ist das älteste Kind einer Grazer Unternehmerfamilie. Politisch wird er in den 1990ern im ÖVP-Wirtschaftsbund groß. 1998 zieht er als 35-jähriger Quereinsteiger in die Stadtregierung ein. Regiert wird die Stadt damals von Bürgermeister Alfred Stingl von der Sozialdemokratischen Partei Österreichs (SPÖ). Die Grazer Stadtregierung ist eine Proporzregierung: Ab einem Stimmenanteil von etwa 10 Prozent stand damals einer Partei ein Stadtrat zu, egal ob man Teil der Regierungskoalition ist oder nicht. Ebenso egal ist, ob man den Sitz überhaupt haben will. Diese Regelung wird auch in der Geschichte der KPÖ Graz später noch eine Rolle spielen.

Im Jahr 2003 gewinnt die ÖVP die Gemeinderatswahl, Nagl wird Bürgermeister. Graz ist zu diesem Zeitpunkt europäische Kulturhauptstadt. In den Jahren zuvor ist die Stadt mit viel Geld herausgeputzt und verbessert worden, jetzt feiert sie sich selbst. Bürgermeister Nagl lernt in diesen Jahren die Macht der Großprojekte: Nach 2003 ist die Stadt um einige Veranstaltungslocations und Kunstprojekte im öffentlichen Raum reicher. Die Nächtigungen steigen in diesem Jahr um 23 Prozent zum Vorjahr. Nagl regiert die Stadt viele Jahre und mit vielen Gesichtern. Im selben Jahr, als er die Stimmung in der Stadt mit der Ankündigung, zum Thema „Bettelverbot" eine Volksbefragung abhalten zu wollen, anheizt, fördert er den Bau von Moscheen in der Stadt. In seiner Amtszeit erlässt die damalige Koalition aus ÖVP und der Freiheitlichen Partei Österreichs (FPÖ) in der Innenstadt ein Alkoholverbot im öffentlichen Raum und versucht, Jugendliche mit klassischer Musik am Herumlungern zu hindern. 2015, als ein Amokfahrer mit einem SUV durch die Grazer Innenstadt rast, drei Menschen tötet und 36 verletzt, führt Nagl die Stadt umsichtig durch den kollektiven Schock.

Im Bereich der Großprojekte verrennt sich der Langzeitbürgermeister immer wieder. Wenn alles gebaut worden wäre, was Nagl in seiner 18-jährigen Amtszeit ankündigte, hätte Graz heute eine U-Bahn, mehrere Gondelbahnen und wäre am Weg, die olympischen Winterspiele 2026 auszurichten. Aber auch Menschen, die Nagl nicht nahestehen, bescheinigen ihm ein feines Gespür für die Themen, die seine Stadt bewegen. Der Bürgermeister fordert immer wieder Fantasieprojekte wie eine versenkbare Tiefgarage, ist aber immer wendig genug, die Pläne über den Haufen zu werfen, wenn er merkt, dass der Wind sich gegen ihn dreht. Auch bei seinen politischen Partnern ist Nagl nicht wählerisch: Ab 2008 regiert er mit den Grünen, nach der Wahl 2012 in einer Koalition mit FPÖ und SPÖ. Als die FPÖ später aus der Koalition aussteigt, hilft die KPÖ unter Elke Kahr dabei, ein Budget zu beschließen. So bleibt Nagl trotz mancher Rückschläge lange ein erfolgreicher ÖVP-Großstadtpolitiker – zu einem Zeitpunkt, an dem es das anderswo in Österreich kaum noch gibt.

Am Wahltag 2021 haben die KPÖler:innen im Saal des KPÖ-Bildungsvereines im Volkshaus eine Leinwand aufgebaut. Das Volkshaus ist eine alte Fabrik mitten im Industrieviertel Gries, knapp anderthalb Kilometer von der Innenstadt und dem Rathaus entfernt. Vor dem Zweiten Weltkrieg ist das Gebäude eine Papierfabrik, im Krieg ein Fahrradlager der Firma Puch. 1947 zieht die Redaktion der KPÖ-Zeitung *Die Wahrheit* ein. In den 1950er Jahren wird das Haus umgebaut, so zur Zentrale der steirischen und Grazer KPÖ, das es noch heute ist.

An diesem Sonntag ist das Volkshaus lange leer. Die KPÖ ist auch in Graz eine kleine Partei, die knapp 300 aktiven Mitglieder sitzen zu einem großen Teil als Beisitzer:innen in den Wahlsprengeln. Im Volkshaus sitzt nur ein kleiner Kern an Aktivist:innen, der nicht im Rathaus oder in den Bezirken eingeteilt ist. Noch schauen hier keine Anhänger:innen nervös auf die Videoleinwand. Weder „brandet Jubel auf" noch gibt es „lange Gesichter in den Parteizentralen", wie es an Wahltagen oft in den Medien heißt. Im Verlauf des Nachmittags, als die Stimmen in den Wahllokalen ausgezählt sind, treffen immer mehr Parteimitglieder im Volkshaus ein. Um 17:00 Uhr werden sie von dem Ergebnis genauso überrollt wie der Rest der Partei. Ein paar jubeln, manch einer springt von seinem Sitz auf. Sofort erhöht sich die Aktivität in den WhatsApp- und Signal-Gruppen. Ungläubigkeit weicht langsam der Erkenntnis: Das passiert da gerade wirklich. Es ist ein politischer Erdrutsch, und man ist mittendrin.

Nach der Wahl 2017 geht die ÖVP in Graz eine Koalition mit der FPÖ ein. Viele sagen, dass diese Zusammenarbeit in der Rückschau einiges vorwegnimmt, was knapp ein Dreivierteljahr später auch im Bund passiert. Der Ton zwischen Koalition und Opposition ändert sich und wird rauer. Aus politischen Winkelzügen werden offene Demütigungen. Elke Kahr, seit 2005 Mitglied der Stadtregierung, wird nach 12 Jahren ihr Leibthema Wohnen entzogen und der Verkehr zugeteilt, damit sie sich dort aufreibe. Das löst auch in nicht KPÖ-affinen Kreisen Befremden aus. Das ist nicht nur offensichtlich untergriffig, sondern wird auch als Zeichen dafür gesehen, dass man Parteipolitik über inhaltliche Expertise stelle. So was tut man einfach nicht, ist der Tenor. Besonders nicht mit einer so netten Frau wie Elke Kahr. Die ÖVP hätte mit solchen Nadelstichen „selbst die Werbetrommel für Elke Kahr und ihre KPÖ" geschlagen, schreibt die *Kleine Zeitung* nach der Wahl.[1]

Überhaupt beweist die schwarz-blaue Koalition bei ihren Versuchen, die KPÖ einzudämmen, nicht immer eine glückliche Hand. Bürgermeister Nagl kommuniziert die zentralen Verkehrsthemen weiter selbst. Diese Konstellation spielt letztlich vor allem Kahr in die Hände: Sie kann von ihrem Büro aus das Thema Wohnen weiter beackern, während ihr Name nicht mit der wenig attraktiven Verkehrspolitik assoziiert wird. Und auch der Versuch, den damals erst 29-jährigen Robert Krotzer – den zweiten Stadtratsposten, den die KPÖ bei der Wahl 2017 erobert – kaltzustellen, klappt nicht so wie erhofft. Man gibt ihm mit der Gesundheit und Pflege einen (auf kommunaler Ebene) kleinen Bereich, in dem er, so die Hoffnung, wenig anstellen kann. Was er aber nicht nur inhaltlich nutzt, sondern ihm aber wiederum Freiräume gibt, sich strategische Gedanken zu seiner Partei zu machen.

Im Frühjahr 2021 kommt in Graz langsam Wahlkampfstimmung auf. Die Gerüchte, dass Bürgermeister Nagl die Wahl vorziehen könnte, kursieren früh und verdichten sich. Im Juni setzt das Rathaus den Wahltermin auf den 26. September fest, unter anderem mit dem Verweis auf die mutmaßlich bessere Corona-Lage und den Wunsch der Bürger nach einem kurzen Wahlkampf. Der Koalitionspartner FPÖ, offenbar nicht eingeweiht, ist stinksauer.

Zwei Themen prägen den Gemeinderatswahlkampf 2021: das Thema Verkehr und die „Bauwut". Im Grunde hängen die beiden zusammen. Die Bevölkerung von Graz ist in den vergangenen 20 Jahren um 25 Prozent gewachsen, dazu kommt noch das starke Wachstum im Bezirk Graz-Umgebung. Es wurde viel gebaut. Nagl bekennt sich sogar einmal dazu, sich als Bürgermeister nur dann wohlzufühlen, wenn er „mehrere Kräne über Graz" sehe.[2] An den Stadträndern werden neue Stadtviertel wie Reininghaus oder die Smart City hochgezogen. Zunehmend verlagert sich die Bautätigkeit aber auch in die City und in bürgerliche Viertel wie St. Leonhard, in denen die KPÖ 2021 bei der Wahl überraschend stark wird. Mehrere Bürger:inneninitiativen, getragen vom Bildungsbürgertum und Ex-Politiker:innen bis zu Architekt:innen, laufen seit Jahren gegen den „Bauboom" an.

Das Thema ist komplex. Graz brauchte neuen Wohnraum. Es wurden aber auch noch neue Wohnungen geplant, als sich abzeichnete, dass die Notwendigkeit doch nicht so groß war, wie es Prognosen vorausgesagt hatten. Viele junge Familien zogen lieber in den Speckgürtel als ins Stadtgebiet. Weil die S-Bahn-Achsen aber schon zugebaut sind, pendeln diese Familien bis heute oft mit dem Auto in die Stadt, während über die Verlängerung der Südwestlinie der Straßenbahn seit Jahrzehnten diskutiert wird. Grob könnte man wahrscheinlich sagen: In Sachen Bau passierte in Graz in den vergangenen 10 bis 15 Jahren zu viel, in Sachen öffentlicher Verkehr zu wenig. Am Ende seiner Amtszeit kommt dem Langzeitbürgermeister das Gespür für die Stadt abhanden. Die Theorien, die man dazu hört, laufen im Grunde auf eine zunehmende Entkoppelung des Rathauses von der Realität hinaus. Nagl soll noch weniger präsent gewesen sein als sonst, sich zunehmend mit Ja-Sagern umgeben haben. Sein fünfter Wahlkampf zieht nicht mehr. „Alles geben", der Wahlslogan, ist nach 18 Jahren im Amt zu wenig. Der Bürgermeister holt den Plan für eine Mini-U-Bahn aus der Mottenkiste und redet zu viel darüber. Auch bürgerliche Grazer sehen darin schnell vor allem einen Versuch, sich selbst ein Denkmal zu setzen. Die Stadt, zumindest große Teile davon, sind einfach der Meinung, dass etwas verändert gehört. Einer derjenigen, die die Stimmung nicht spüren, ist Nagl selbst. Und so tragen er und seine ÖVP ihren Teil zu dem Ergebnis bei, das am 26. September 2021 um 17:00 Uhr Schockwellen durch das Grazer Rathaus jagen wird. In allen Zimmern, sogar den tiefroten.

Nach der ersten Hochrechnung ist klar, dass die ÖVP im zweistelligen Bereich verlieren wird. Hermann Schützenhöfer, damals Landeshauptmann und Chef der ÖVP Steiermark, eilt zu Krisengesprächen ins Rathaus. Bei seiner ersten Reaktion auf das Wahlergebnis um 18:00 Uhr spricht Nagl von einem niederschmetternden Tag. „Ich habe gedacht, die Grazer wissen, woran sie mit mir sind." Knapp eine halbe Stunde später entscheidet er sich für einen Rücktritt, der ohnehin alternativlos ist. Noch vor der Verkündung des vorläufigen Endergebnisses sagt er vor Journalisten den später oft zitierten Satz, dass er seine „schützende und helfende Hand zurückziehen" müsse. Während Nagl das Unvermeidliche langsam dämmert, hat sich Elke Kahr gefangen und steht im Stiegenhaus vor einer Traube von Mikrofonen. „Bürgermeisterin Elke Kahr", könne sie sich das überhaupt schon vorstellen, fragt ein Journalist. „Nein, muss ich ganz ehrlich sein", sagt Kahr. „Ist noch nicht im Kopf drinnen gewesen."[3]

Eineinhalb Kilometer weiter, im Volkshaus, macht die Nachricht vom Rücktritt Nagls die Runde. Mittlerweile ist der Saal, der Vorraum, der Platz vor dem Gebäude mit Nachbarn, Sympathisant:innen, Schaulustigen gefüllt. Jeder möchte an diesem historischen Tag mit dabei sein. Man tritt sich auf die Füße, singt die „Internationale" und wartet auf „die Elke", die noch immer im Rathaus ist. Die Dimension des KPÖ-Siegs wird langsam immer deutlicher: Die Partei erobert auch eine Rekordzahl an Mandaten in den Bezirken. Mit Stand Herbst 2022 stellt die Partei in neun von 17 Grazer Bezirken die Bezirksvorstehung.

Um 19:30 Uhr trifft Elke Kahr im Volkshaus ein und betritt unter triumphalen „El-ke! El-ke!"-Gesängen die Bühne. Zu dem Zeitpunkt ist klar, dass es Regierungsoptionen geben wird. Die SPÖ, die ihr Ergebnis von 2017 ungefähr hält und einen Sitz im Stadtsenat zum zweiten Mal knapp verfehlt, hat bereits gesagt, für eine Zusammenarbeit mit der KPÖ im Prinzip zur Verfügung zu stehen. Die Grünen mit ihrer Spitzenkandidatin Judith Schwentner, die mit 17,3 Prozent ebenfalls ein Rekordergebnis erreicht haben und im Wahlkampf der ÖVP Avancen gemacht haben, schließen es zumindest nicht aus.

Kahr betritt die Bühne, bedankt sich, schwört die Partei auf schwierige Aufgaben ein. Es wird gefeiert und nachgedacht. Die Partei hat eine Erdbeertorte machen lassen, auf der die Worte „KPÖ Graz 2021 28 Prozent" und ein Eichhörnchen, das inoffizielle Wappentier der Grazer KPÖ, abgebildet sind. Schon auf den Plakaten für die Wahl 1993, wo Kahr erstmals in den Gemeinderat einzieht, ist das Eichhörnchen drauf. Neben dem Slogan „Klein, aber mit Biss."

Es gibt ein Foto von dem Tag, auf dem man die Persönlichkeiten und die Rollenverteilung in der KPÖ Graz ganz gut sehen kann. Die beiden bisherigen Stadträte halten, den Rücken zum Publikum, die Torte in die Kamera. Elke Kahr im grauen Pullover, breit lachend wie immer; der Bauchmensch, der gar nicht anders kann, als allen helfen zu wollen. Robert Krotzer im weißen Hemd und schwarzer Anzugweste, etwas schüchtern lächelnd; der Ex-Lehrer für Deutsch und Geschichte, dem man zutraut, dass er Marx aus dem Stegreif zitieren könnte, würde man ihn nachts um 2 Uhr wecken. Hinter ihnen im Raum, direkt vor der Bühne, steht Franz Stephan Parteder – Ex-KPÖ-Landeschef und Ehemann von Kahr – mit schlecht gebundener Krawatte und Bernie-Sanders-Frisur. Parteder gilt als Kopf und „Chefideologe" der Grazer KPÖ. Er bleibt gerne im Hintergrund. Bittet man ihn um ein Interview, antwortet er höflich, aber bestimmt, dass er „auch der *New York Times* keines gegeben" hätte.

Während ÖVP und FPÖ ihre Wunden lecken, die Grünen im Lokal „Scherbe" ihr Ergebnis feiern und die Kommunist:innen im Volkshaus bis tief in die Nacht Party machen, verschwindet Elke Kahr früh durch die Hintertür. Das ist ungewöhnlich: Sie ist normalerweise nicht dafür bekannt, früh zuhause zu sein. Aber sie muss den Tag verarbeiten und braucht Ruhe. Aufregende Tage stehen zuvor.

Am Montag nach der Wahl herrscht erstmal demonstrativ Normalität. Während die Nachricht „Kommunistin wird Bürgermeisterin in Österreichs zweitgrößter Stadt" weiter um die Welt geht, empfängt Kahr die ersten Bürger:innen und eine Delegation aus Zürich, die Verkehrsfragen besprechen will. Das Internet quillt noch immer von „Stalingraz"- oder „Leninhard" (nach Graz-Leonhard)-Memes über. Das Stalingraz kommt ursprünglich aus der ÖVP, verfängt aber schon längst nicht mehr.

Die regionale und überregionale Presse sucht an diesem Vormittag noch eine stringente Erklärung für das Wahlergebnis. Das politische Beben ist auch auf den Wahlgrafiken mit bloßem Auge zu erkennen. Die Karte mit den stärksten Parteien in den 17 Bezirken von Graz, die 2017 noch pechschwarz mit einem dunkelroten Einsprengsel im Bezirk Gries war, hat sich grundlegend geändert. Jetzt umgibt ein schwarzer Ring aus wohlhabenden Bezirken wie Mariatrost eine tieffrote Innenstadt.

Seit fast 20 Jahren redet man in Graz von den „Hofratswitwen im Pelzmantel", unter denen es auf einmal en vogue gewesen sei, die

KPÖ zu wählen. Der Mieternotruf, den die KPÖ seit 30 Jahren betreibt, wird längst nicht nur von armen Menschen in Anspruch genommen. Und wer ihn selbst nicht braucht, findet es oft zumindest gut, dass es ihn gibt. Heinz Wassermann, Politik-Experte der Fachhochschule Joanneum in Graz, relativiert das aber ein wenig. „Die Bürgerlichen, die aus sozialem Gewissen KPÖ wählen, die wird es schon geben", sagt er. „Die Wählerstromanalyse zeigt uns aber, dass die KPÖ regelmäßig vor allem bei den Nichtwählern punktet. Das war auch 2021 so." Insbesondere konnte die Partei aber ihre Stammwähler:innen motivieren: Acht von zehn Wähler:innen, die 2017 der KPÖ ihre Stimme gegeben haben, taten das auch 2021.[4]

Montagmittag steht Robert Krotzer bei der *Kleinen Zeitung* im Videostudio und wird von zwei Redakteuren gegrillt.[5] Auch unter den Beobachter:innen hat mit diesem Ergebnis niemand gerechnet. Jetzt muss man sich mit dem Gedanken anfreunden, von Kommunist:innen regiert zu werden. So richtig bekommen die Redakteure Krotzer an dem Tag nicht zu fassen. Was natürlich auch daran liegt, dass die KPÖ die Fragen nach ihrem Verständnis von Kommunismus, nach ihren internationalen Positionen (siehe Kapitel 8) seit Jahren ständig beantworten muss. Knapp zwei Wochen nach der Wahl, kurz vor der letzten Runde der Sondierungsgespräche, stellt die Grazer ÖVP öffentlich „30 Fragen an die KPÖ Graz".[6] Manche drehen sich um die Kommunalpolitik („Bekennen Sie sich zur Fertigstellung des zentralen Speicherkanals?"), andere sind schlecht versteckte Aufforderungen, sich von Venezuela oder dem jugoslawischen Präsidenten Josip Tito zu distanzieren. In der KPÖ belächelt man den Fragenkatalog intern und beantwortet ihn ebenso öffentlich.[7]

Am Montagabend trifft sich die KPÖ im Volkshaus. Das Meeting dauert drei Stunden. Die Stimmung ist gut, aber auch etwas angespannt. So langsam wird es richtig ernst. Außerdem haben viele, die schon länger dabei sind, noch Erinnerungen an das Jahr 2013. Die KPÖ hatte damals bei der Wahl den zweiten Platz erreicht, Kahr bekam später aber trotz anders lautender Zusagen der anderen Parteien in vier Wahlgängen keine Mehrheit als Vizebürgermeisterin. Diesmal soll alles anders sein. Elke Kahr übernimmt, wie mehrere Teilnehmer:innen berichten, beherzt das Ruder. Sie legt einen Plan vor, was schon passiert ist und was in den nächsten Tagen noch passieren soll und muss. Auch Personalentscheidungen werden an diesem Montag bereits besprochen. „Ich bin persönlich sehr viel ruhiger aus diesem Meeting rausgekommen, als ich reingegangen bin", sagt Robert Krotzer.

Der Rest der Woche ist gefüllt mit atmosphärischen Gesprächen zwischen der KPÖ und anderen Parteien und mit Spekulationen, die diese Gespräche umgeben. In den Tagen nach der Wahl scheint ein „Arbeitsabkommen" zwischen KPÖ und ÖVP noch im Bereich des Möglichen. Im Prinzip ist die bevorzugte Variante der KPÖ die Einbindung aller in der Stadtregierung vertretenen Fraktionen (die FPÖ schloß das für sich zu Beginn aus). Die Partner würden Eckpfeiler wie Budget und Leuchtturmprojekte definieren, alles andere würde sich am Weg ergeben. So etwas hatte es nach der Wahl 2012 schon einmal zwischen ÖVP, SPÖ und FPÖ gegeben. Auf Landesebene beschäftigt die KPÖ eine Reise ihres Abgeordneten Werner Murgg nach Belarus, von der am Donnerstag ein Video auftaucht. Es ist nicht das erste Mal, dass die internationalen Positionen von KPÖler:innen Probleme machen. Es wird auch nicht das letzte Mal sein (siehe Kapitel 8). Dass eine kroatische Zeitung knapp eine Woche später einen Artikel über ein Treffen mit Kahr mit dem Zitat „Tito ist mein Vorbild" betitelt, hilft der Sache nicht unbedingt.[8]

In der Grazer politmedialen Szene wird der Fragenkatalog der ÖVP als Zeichen gesehen, dass man nicht ernsthaft verhandeln will und eine Möglichkeit zu einem gesichtswahrenden Ausstieg sucht. Auch für die KPÖ ist klar, dass eine Zusammenarbeit mit der ÖVP nicht zustande kommen wird. Ein Jahr später erzählt man auch, dass die ÖVP – vielleicht im Schock über das Wahlergebnis – so großspurig aufgetreten sei, als sei man der eigentliche Sieger. So kommt knapp zweieinhalb Wochen nach der Wahl das, was Beobachter:innen zu diesem Zeitpunkt ohnehin erwarten: KPÖ, Grüne und SPÖ nehmen „vertiefende Sondierungen" auf, später dann auch offizielle Koalitionsverhandlungen. Eine linke Stadtregierung mit einer kommunistischen Bürger- und einer grünen Vizebürgermeisterin scheint in Reichweite.

Die Verhandlungen verlaufen letztlich nicht anders als auf höheren politischen Ebenen: Es gibt thematische Untergruppen, die Gemeinsamkeiten, Unterschiede und möglich Kompromisse ausloten. Und eine Kerngruppe, in der zentrale Figuren der jeweiligen Parteien sitzen und Probleme aus dem Weg räumen. Prinzipiell seien die Gespräche gut verlaufen, heißt es von allen Seiten. Inhaltlich hätte es in vielen Fragen einen breiten Konsens gegeben. Zwischen den Grünen und der KPÖ ist es atmosphärisch nicht immer einfach, das wird sich auch in der Koalition nicht ändern. Aber letztlich glaubt niemand, dass sich die Parteien diese historische Chance entgehen lassen werden.

Während der Verhandlungen sickern größere, populäre Vorhaben durch: Nagls Mini-U-Bahn soll abgedreht, ein Transparenzpaket für alle Parteien beschlossen werden. Zeitgleich passiert etwas, das nicht direkt mit der Koalition zu tun hat, ihre Arbeit aber bedeutend erleichtern wird. Die Grazer FPÖ implodiert und nimmt sich in der Folge als Oppositionspartei aus dem Spiel. Es geht um Klub- und Parteifördergelder, die in der Zeit ab 2014 nicht rechtskonform verwendet worden sein sollen. Die Parteispitze tritt zurück. Der Rechnungsprüfer, der alle Konten und Bücher aufarbeiten soll, sagt später am blauen Stadtparteitag Mitte März 2022, er habe noch nie „so einen Sauhaufen in der Gebarung vorgelegt bekommen".[9] Die Aufarbeitung läuft zum Zeitpunkt des Erscheinens dieses Buches noch.

Am 12. November segnen die Parteigremien die Vereinbarung ab, einen Tag später stellt sich die Koalition offiziell vor. „Gemeinsam für ein neues Graz" heißt der Pakt.[10] Auf 17 Seiten ist ausgeführt, dass man Graz „sozialer, klimafreundlicher und demokratischer" machen wolle. KPÖ und SPÖ sehen ihren Wählerauftrag im Sozialen, die Grünen in einer klimafreundlicheren Ausrichtung der Stadt. Man wolle gemeinsam einen „neuen Stil" prägen: freundlich, pragmatisch, ohne Hochglanz-PR. Kritische Beobachter merken an, dass in dem Koalitionspakt zwar viel davon stehe, wohin man wolle. Die Detailpläne, wie man dorthin kommen wolle, blieben aber schwammig. Die Koalition begründet das damit, dass man erstmal einen „Kassasturz" machen müsse. In der Zeit von Schwarz-Blau sei ihnen der Zugang zu Informationen so schwer wie möglich gemacht worden.

Der 17. November, ein Mittwoch, ist ein typischer grauer Tag im Spätherbst. Der Grazer Gemeinderatssaal wird seit Längerem saniert. Also findet auch die konstituierende Sitzung des Gemeinderats in der Messe Graz statt, dem Ausweichquartier. Weil die Stadt hier nur Mieterin ist, musste der Termin festgelegt werden, als noch gar nicht klar war, ob und welche Koalition zustande kommt. In einem schlichten, schmucklosen Raum stehen zwölf lange Tische, an dem die Abgeordneten Platz nehmen. Die Wappen von Graz und eine Österreich-Flagge rahmen eine kleine Bühne ein, Schnittblumen sorgen für ein wenig Farbe. Um 11:31 Uhr bringt die KPÖ als mandatsstärkste Partei den Wahlvorschlag zur Bürgermeisterin ein. In ihren Stellungnahmen begründen die Oppositionsparteien auf der Bühne, warum sie Elke Kahr keine Zustimmung geben werden. „Liebe Elke, ich schätze dich", sagt der neue ÖVP-Chef Kurt Hohensinner. „Aber es reicht nicht für die Gesamtverantwortung und das Amt der Bürgermeisterin." Auch der FPÖ-Chef Alexis Pascuttini betont, dass Elke Kahr eine freundliche Person sei. „Aber wenn man an der Oberfläche kratzt, dann kommt der Kommunismus zum Vorschein."

Um 12:38 Uhr erfolgt die Wahl. 46 Stimmen werden abgegeben, 18 davon sind ungültig. Die 28 Stimmen für Kahr sind etwas überraschend: Zwar hat die Koalition aus KPÖ, Grüne und SPÖ im

Prinzip 28 Mandatar:innen, allerdings ist einer an dem Tag erkrankt. Wer aus der Opposition für die Kommunistin stimmt, bleibt ein Geheimnis. Knapp zehn Minuten später steht Elke Kahr in einem schlichten, graublauen Blazer mit roter Nelke im Knopfloch vor der Bühne, um ihren Amtseid vor Landeshauptmann Hermann Schützenhofer abzuleisten. „In so einem Moment fühlst du auch das erste Mal, was für eine große Verantwortung das ist", sagt Kahr. Sie nimmt zu dieser Zeit Antibiotika, ist temporär auf dem linken Ohr taub und hört den Magistratsdirektor, der ihr von links den Text für den Eid vorliest, kaum. Am Ende geht alles gut. Schützenhöfer kommt von der Bühne und gibt Kahr die Hand. „Ich wünsch Ihnen alles Gute", sagt er. „Danke vielmals, Herr Landeshauptmann", sagt sie. Am 17. November 2021, 12:52 Uhr, ist es vollbracht. Graz, die zweitgrößte Stadt eines EU-Mitgliedsstaats, hat eine kommunistische Bürgermeisterin.

---

[1] https://www.kleinezeitung.at/meinung/meinungstmkhp/6039198/Selbstfaller-der-Grazer-VP (zuletzt abgerufen am 10.10.2022)
[2] http://brischnik.eu/architekturjournalismus/interview-burgermeister-nagl/ (zuletzt abgerufen am 10.10.2022)
[3] https://www.youtube.com/watch?v=ZIXldmt1Y48 (zuletzt abgerufen am 10.10.2022)
[4] https://www.sora.at/themen/wahlverhalten/wahlanalysen/waehlerstromanalysen/grw-graz21.html (zuletzt abgerufen am 10.10.2022)
[5] https://www.kleinezeitung.at/steiermark/graz/gemeinderatswahl/6039624/VideoGespraech-nach-der-Wahl_Muss-sich-Graz-vor-der-KPOe-fuerchten (zuletzt abgerufen am 10.10.2022)
[6] https://grazervp.at/wp-content/uploads/2021/10/30-Fragen-an-die-KPOe.pdf (zuletzt abgerufen am 10.10.2022)
[7] https://www.kpoe-steiermark.at/30-antworten-auf-30-fragen.phtml (zuletzt abgerufen am 10.10.2022)
[8] https://www.meinbezirk.at/graz/c-politik/tito-sager-bringt-zukuenftige-buergermeisterin-kahr-in-bedraengnis_a4937605 (zuletzt abgerufen am 10.10.2022)
[9] https://kurier.at/chronik/oesterreich/grazer-fpoe-schloss-gemeinderat-in-zusammenhang-mit-finanzskandal-aus/402155829
[10] https://www.graz.at/cms/dokumente/10379145_8114224/3cf5fd0f/Gemeinsam%20f%C3%BCr%20ein%20neues%20Graz.pdf (zuletzt abgerufen am 10.10.2022)

# 2. Kapitel

# Wie Elke Kahr wurde, wer sie ist

Die Biografie in der Biografie: Wer die Grazer
Bürgermeisterin ist, was sie antreibt und was sie zu
ihren Positionen gebracht hat.

Geht die Frau eigentlich nie heim? Es ist Samstagabend, 20:30 Uhr,
das zweite Treffen mit Elke Kahr. Sie öffnet das Fenster in einem
langgezogenen, engen Kammerl im Grazer Volkshaus, um sich eine
Zigarette anzustecken. In einer Ecke des Raums stehen Kisten mit
alten Ausgaben vom *Stadtblatt*, der Kommunalzeitung der KPÖ
Graz, auf dem Tisch stapeln sich Briefe, adressiert an „Bürgermeisterin Elke Kahr". Fast zwölf Stunden hat sie hier heute, wie fast jeden
Samstag, Menschen beraten. Manche mit sehr konkreten, behördli-
chen Problemen. Aber auch Menschen, die unter Isolation und Ver-
einsamung leiden. Ihr letzter „Kunde" an dem Tag, ein grauhaariger
Mann in seinen 50ern, ist so ein Beispiel. Das sind Probleme, mit
denen es sich recht einfach helfen lässt: Es gibt in Graz Vereine und
Sozialtreffs, die solche Menschen gern aufnehmen. Man muss sie
nur verknüpfen und ein bisschen Mut machen.
In den fast 30 Jahren, in denen Kahr diesen Teil ihrer Arbeit schon
macht, hat sie tausende Geschichten gehört. Traurige, tragische, un-
freiwillig komische. Das hält sie aus, sagt sie, auch weil es ja meistens
etwas gibt, mit dem man helfen kann. Nur eine Sache, die könnte
auch Kahr nicht: „Ich könnte nie beim Jugendamt arbeiten." Wenn
es um Kinder gehe, die schlecht behandelt werden, könne sie das
schlecht ertragen. „Vielleicht hängt das mit Ereignissen in meiner
Kindheit zusammen."

Elke Kahr kommt am 2. November 1961 unter nicht einfachen Bedingungen zur Welt. Ihre Mutter gibt ihre Tochter direkt nach der Geburt zur Adoption frei. „Das war das Beste, was sie tun konnte", sagt Kahr. Unter den damaligen Umständen wäre es nicht möglich gewesen, sie zu behalten. Ihr Vater ist ein persischer Austauschstudent, wie sie Jahrzehnte später durch einen Zufall erfährt. Das Kind landet in einem Kinderheim in Graz, wo man Elke den Namen „Sonny" gibt. Mit drei Jahren wird sie schließlich von Edith und Otto Kahr adoptiert.

Kahr wächst nördlich der Triestersiedlung im Stadtteil Gries auf. Das „Glasscherbenviertel", wie man Viertel mit viel Armut damals auch nennt. Graz, das von der Mur geteilt wird, hat ein sozioökonomisches Ost-West-Gefälle: Die Viertel im Osten – also links der Mur, von der Fließrichtung aus gesehen – gelten als reicher als die rechts. So streng getrennt ist das heute alles nicht mehr. Lend, ein alter Arbeiterbezirk, ist heute studentisch und gentrifiziert. Aber wer durch Gries spaziert, wo sich auch die Lagergasse mit dem Volkshaus befindet, der bemerkt irgendwann, wie die Dichte an Wettbüros zunimmt und die Cafés von Kebabbuden verdrängt werden.

Die Kahrs haben ein kleines Haus mit Grundstück. Klein heißt hier auch wirklich klein: Es gibt ein Zimmer und eine Küche. Wasser kommt aus dem Brunnen vor dem Haus, die Toilette führt in eine Sickergrube. Die Familie hält sich, wie damals üblich, Hendln, Hasen und Enten im Garten, Zäune sind in der Siedlung de facto unbekannt. Elke Kahr schläft in der Küche, später zieht auch noch die Großmutter zu der Familie.

Die Grazer Bürgermeisterin hat sich immer schon für die Lebensgeschichten anderer Menschen interessiert, und auch ihre eigene kann sie gut erzählen. Wenn auch nicht strukturiert. Ihre Gedanken springen, ständig tauchen neue Personen und Gedanken auf. Sie ist ein Mensch, den man nur anpiksen braucht, dann sprudeln die Geschichten aus ihr raus. Zwischendurch vergisst Kahr auf ihre Zigarette und sie bleibt 20 Minuten in ihrer Hand, weil es jetzt gerade Wichtigeres gibt.

Die Neugierde, die Offenheit, die habe sie vom Vater, sagt Kahr. Er sei ein wunderbarer Geschichtenerzähler gewesen, mit vollem, dunklem Haar, das er von seinem ungarischen Vater hatte. Ein lustiger, kluger Mann und Autodidakt auf zahlreichen Musikinstrumenten. Otto Kahr schummelt sich durch den Zweiten Weltkrieg, indem er immer wieder Gründe herbeiführt, die ihn an einem Fronteinsatz hindern. Einmal nimmt er wochenlang keine Nahrung zu sich, um im Spital zu landen. Irgendwann landet er als Kriegsgefangener in Texas, wo er Geselchtes mit Ananas isst und in ein Froschfänger-Kommando kommt, dessen Aufgabe ist, ein Sumpfgebiet trockenzulegen. Von der Mama habe sie hingegen die Geselligkeit und den Schabernack. Die Mutter kümmert sich um Haus und Garten. Noch heute erinnert sich ihre Tochter daran, wie sie in den Garten hetzt, um die weiße Wäsche von der Leine zu holen, wenn der Zug mit der Dampflok hinterm Haus vorbeifährt.

Elke Kahrs Kindheit und Jugend ist keine traurige Oliver-Twist-Story über eine Aufwachsen in einem Armenhaus. Die Familie ist ökonomisch, nicht sozial schwach. Wenn der Vater, der als Schlosser bei den Vereinigten Bühnen Graz arbeitet und viel herumkommt, zuhause ist, ist das Haus voll, auch mit Nachbar:innen aus dem damaligen Jugoslawien. Die Mutter, gelernte Verkäuferin, hat das Talent, aus wenig viel machen zu können. Wenn sie mit Elke die Oma besucht, ist das eine Weltreise mit drei Mal umsteigen und einer halbe Stunde Fußweg. Es bürgert sich ein, dass die beiden in immer der gleichen Konditorei Halt machen, wo die Mutter einen Verlängerten trinkt und die Tochter einen Indianer mit Schlag bekommt.

In der Triestersiedlung spielt sich das ganze Leben auf der Straße ab, allein aus Mangel an Wohnraum. Die Kinder kommen aus der Schule, essen, machen Schulaufgaben. Danach trifft man sich draußen. Es gibt Pseudorevierkämpfe. Da passiert nicht viel, aber Kahr lernt sich zu wehren. „Ich hätte mir lieber in die Gurgel schneiden lassen, bevor ich meinem Vater was davon erzählt hätte", sagt sie. „Das haben wir immer unter uns ausgemacht." Die Eltern in dem Viertel hätten ein großes Vertrauen in ihre Kinder gehabt. Es ist nicht alles rosig: Gewalt spielt in vielen Familien eine Rolle, bei den Kahrs nicht. „Aber insgesamt haben wir eine super Kindheit gehabt", sagt die Bürgermeisterin über sich und die, die mit ihr in der Siedlung aufwuchsen. Manchmal zeigt sich ihre Herkunft noch an Kleinigkeiten, die man nicht wegkriegt. Kahr liebt noch heute den Geruch von Brennholz, weil der Ofen früher in der Küche stand, wo sie schlief. Und Haare waschen macht ihr auch mit 61 Jahren noch keinen Spaß, weil in der Waschwanne das Wasser oft kalt war und die kleine Elke immer Seife ins Auge bekam.

In der Triestersiedlung wohnt ein Milieu, das in den 1960er und 1970er Jahren eine wichtige Rolle spielte und das es heute so kaum noch gibt: Die Arbeiter:innen sind gebildet, haben ein hohes Klassenbewusstsein. Der Vater ist die Hauptquelle, mit der sich Kahr austauscht. Irgendwann schenkt er ihr ein kleines Büchlein über die „Länder der Erde". Sie lernt es auswendig und rezitiert es so gern, dass ihr in der Volksschule der Spitzname „Der wandelnde Atlas" verpasst wird. Bücher werden ihr Fenster zur Welt. „Ich hab die ganze öffentliche Bibliothek ausgelesen", sagt Kahr. Vor allem Abenteuerromane verschlingt sie. „Ich wäre ja gerne Abenteurerin geworden und in die Welt hinausgezogen."

Sehr geprägt wird die junge Elke Kahr von der Geschichte der amerikanischen Ureinwohner:innen – den „Indianer:innen". „Das klingt jetzt blöd, ich weiß", lächelt sie. Besonders die Romane von Liselotte Weiskopf-Henrich über „Die Söhne der Großen Bärin" nehmen sie mit. Es ist die Geschichte des Sioux-Indianers Harka, der zum Häuptling heranwächst und seinen Stamm letztlich in die Freiheit nach Kanada führt. Ein häufiges Motiv in den Romanen ist der Versuch des Protagonisten, andere Stämme zu überzeugen, sich zusammenzuschließen. Nur wenn man die internen Kämpfe ad acta lege, habe man eine Chance gegen die überlegenen Eroberer. Die Geschichten hätten sie empört und traurig gemacht, sie habe dadurch aber einiges verstanden, sagt Kahr. „Du kannst noch so klug und integer sein. Allein wirst du immer den Kürzeren ziehen."

Wer nicht über die Politikerin, sondern den Menschen Elke Kahr schreiben will, der steht vor einem Problem. Man ist trainiert darin, ein ausgewogenes Bild zu zeichnen und nach den schlechten Seiten der Person zu wühlen, um nicht in den Verdacht zu geraten, eine Hagiografie zu schreiben. Es gibt aber de facto niemanden, der etwas Schlechtes über Elke Kahr sagen mag. Und weil sie schon so lang zum Inventar der Stadt gehört, kennt sie ohnehin jeden. Kahr strahlt eine Wärme und ehrliche Hilfsbereitschaft aus. Wenn sie vom Wahltag 2021 erzählt und sagt, dass sie um 17 Uhr auch daran gedacht habe, wie sich jetzt der abgewählte Bürgermeister Nagl fühlen muss, dann ist das keine Koketterie. Sie ist wirklich so.

Kahr landet in der Hauptschule, schließt dann noch ein Jahr an der Handelsschule dran. Es sind die 1970er Jahre, Bruno Kreisky (SPÖ) ist damals schon Kanzler. Während viele Kommunisten die Sozialdemokratie geradezu verachten, ist das bei Elke Kahr ein wenig anders. Sie wird zu einer Zeit groß, als die Reformen der sozialdemokratischen Alleinregierung die Türen für Menschen wie sie weit öffnen. Es herrscht eine Aufbruchstimmung, jede Reform bedeutet etwas Gutes. Angst vor der Zukunft haben die Jugendlichen keine. Über Frauen wie die SPÖ-Ministerinnen Hertha Firnberg oder Johanna Dohnal lässt Kahr noch heute kein schlechtes Wort zu.

Kurz vor Ende der Handelsschule beginnt sie, sich überall zu bewerben. Die Raiffeisen würde sie nehmen, dort gefällt ihr aber der Dresscode nicht. Letztlich landet sie bei der Kontrollbank. Dort arbeitet sie von 1979 bis 1985. Nebenbei macht sie die Abendmatura. Das ist Kahrs Sturm-und-Drang-Phase. Die Tage sind lang und die Nächte kurz. Sie arbeitet, geht danach zur Schule. Ab 22 Uhr „zottelt sie um die Häuser", wie sie es nennt. „Ich hab ja gescheit herumdiskutieren müssen." Kahr ist meinungsstark und laut, wenn es sein muss. Ihre Familie ermuntert sie dazu („Meine Oma hat immer gesagt, ich soll nicht auf den Märchenprinzen warten"). Wie fast alle Menschen in der Politik ist Kahr an einem Punkt ihres Lebens Klassensprecherin.

Durch den Job bei der Kontrollbank hat sie das erste Mal in ihrem Leben Geld. So viel, dass sie anfangs nicht weiß, was sie damit machen soll. Von ihrem ersten Gehalt kauft sie ihrer Mutter eine Waschmaschine, irgendwann sich selbst einen Citroën 2CV in der Farbe Orange. Das Modell kennt man auch unter dem Namen „Ente". Von da an geht es richtig los. Kahr kann doch noch ein bisschen zu der Abenteurerin werden, die sie als Kind sein wollte. Sie fährt mit Freund:innen in ganz Europa herum und besucht viele Länder. Es sind wilde Zeiten, aus denen die junge Elke Kahr – manchmal mit einer Portion Glück – unbeschadet hinauskommt.

Irgendwann merkt sie, dass sie einen Satz in den Diskussionen sehr häufig hört: „Du klingst ja wie eine Kommunistin." Ein Freund zeigt ihr die Volksbuchhandlung in der Radetzkystraße, durch die sie sich dann einmal quer durchliest. „Ich bin ein furchtbar neugieriger Mensch, ich hab ja alles aufgesogen wie ein Schwamm", sagt Kahr. 1983 geht sie schließlich zur KPÖ. Sie habe einfach das Telefonbuch aufgeschlagen und geschaut, wo die sitzen, sagt sie. Im Volkshaus hat Kahr dann einen Termin mit Ernest Kaltenegger. Es ist ein nettes Gespräch. Kahr wird in den Verteiler aufgenommen und angerufen, wenn irgendwas ansteht. Am Wochenende besucht sie Veranstaltungen, im Sommer fährt sie als Betreuerin mit auf Ferienlager der Organisation „Kinderland". „Der persönliche Umgang in der KPÖ war ein sehr wertschätzender", sagt sie. „Ich hab schnell gemerkt, dass ich dort nicht nur meine politische Heimat gefunden habe." Sie lernt viele Menschen kennen. Auch „den Franz" – Franz Stephan Parteder – von 1991 bis 2010 KPÖ-Landesvorsitzender in der Steiermark.

Ihren Lebenspartner, mit dem sie noch heute zusammenlebt und einen gemeinsamen Sohn hat.

Mitte der 1980er steht Elke Kahr an einem Scheideweg. Sie ist mit der Abendmatura fertig und verliert ihren Job, weil die Kontrollbank die Filiale in Graz schließt. Eigentlich will sie noch Jus studieren. „Weil ich mir eingebildet hab, damit kann man sich für die Rechte der Leute einsetzen." Als das Angebot der Partei kommt, sie als technische Assistentin anzustellen, entscheidet sie sich dafür. Bereut habe sie das nie.

Ironischerweise sind es auch bürgerliche Tugenden, die sie für die kommunistische Partei interessant machen. Wenn Kahr etwas macht, dann möchte sie auch, dass es schön und einladend ist. Sie bringt frischen Wind in die Bezirkspartei, teilweise im wortwörtlichen Sinn. Im Volkshaus schaut es zu der Zeit noch aus, als sei ein wenig die Zeit stehengeblieben. Angestaubte Bilder stehen herum. Die technische Assistentin, zuständig für alles von Mitgliederbetreuung bis zu den Betriebszeitungen, macht die KPÖ auch heimeliger. Der Job macht ihr Spaß. „Es ist oft spät geworden", sagt Kahr. Die Uhr im Volkshaus zeigt jetzt 22:40 Uhr.

Bis in die 1980er hinein ist die KPÖ eine sehr klassische kommunistische Partei. Es ist sehr theoretisch, der Fokus liegt auf Internationalem. In der Nähe von Wien werden für Parteikader Schulungen angeboten. Frauenpolitisch vertritt die Partei progressive Positionen, in den eigenen Strukturen werden noch häufig patriarchale Muster reproduziert, ohne sie stärker zu hinterfragen. „Was da diskutiert wurde, war nicht immer nah an der Lebensrealität der Menschen." Man müsse erstmal vor Ort Vertrauen gewinnen. Das funktioniere aber nur, wenn die Leute vor Ort auch einen Gebrauchswert in der Partei sehen.

Im Jahr 1988 bittet die Bezirksleitung Kahr, auf Platz 2 der Wahlliste für den Gemeinderat zu kandidieren. „Das ist von außen schwer verständlich, aber bei uns hat sich für solche Positionen nie jemand vorgedrängt", sagt sie. Es sind interessante, transformative Jahre. Kaltenegger und Parteder, die Chefs der Stadt- und Landespartei, bauen mit ihren Verbündeten die Partei langsam um. Es geht um Politikstil, Themensetzung, Ausrichtung. Viele der Dinge, für die man die steirische KPÖ heute noch kennt, haben ihren Ursprung in dieser Zeit.

Bei der nächsten Gemeinderatswahl reicht das Ergebnis dann. Als Kahr gerade herumfährt und die Dreieckständer einsammelt, kommt eine Genossin angerannt. „Elke, du musst ins Rathaus. Du bist jetzt Gemeinderätin!" Dort ist es für Kaltenegger und Kahr nicht gerade einfach (siehe Kapitel 4), aber die beiden arrangieren sich mit der Situation und versuchen, das Beste daraus zu machen. „Wir haben immer einen sachlichen aber konsequenten Stil verfolgt", sagt Kahr. „Es ist wichtig, in der Politik den Humor nicht zu verlieren." Humor ist eine Eigenschaft, die sie ihr ganzes Leben schätzen wird. In den 18 Amtsjahren ihres Amtsvorgängers Siegfried Nagl (ÖVP) wird Kahr unzählige Male gefragt, was sie Positives über den Bürgermeister sagen kann. Die Antwort ist immer dieselbe: seinen Humor.

Dafür, dass Politikerin „nicht zu ihrer Lebensplanung" gehörte, wie sie sagt, ist sie das schon verdammt lange. Zwölf Jahre im Gemeinderat, 16 in der Stadtregierung, mittlerweile knapp eines als Bürgermeisterin. Genauso lange macht sie schon ihre Beratungen. Es ist nicht so, dass in Kahrs Leben nichts passiert wäre. Aber wenn man sich die Biografien von Menschen in Spitzenpositionen anschaut, dann sind diese oft durch stetigen Aufstieg, aber auch Brüche geprägt. Menschen wechseln den Job, machen sich selbstständig, kaufen sich ein Haus. Kahr macht heute noch viele Dinge, die sie so schon vor 20 Jahren gemacht hat.

Das liegt zum einen daran, dass die KPÖ eine sehr stabile Partei ist, wo man Funktionär:innen und Mandatar:innen nicht um des Austauschs willen austauscht. Aber es liegt wohl ganz einfach auch am Geld. Wer sich selbst nur ein Gehalt von 1950 Euro verordnet, der sorgt auch dafür, dass keine großen Sprünge möglich sind. 2015 besucht sie ein Redakteur der Tageszeitung *Der Standard* für die Rubrik „Wohngespräche", bei der Menschen Einblick in ihren Wohnalltag geben.[1] Kahr zeigt ihre stinknormale 85-Quadrat-meter-Altbauwohnung her und äußert die Befürchtung, dass ihr Mann und sie sich die Wohnung bald zu zweit nicht mehr leisten werden könnten. Zu dem Zeitpunkt ist sie bereits zehn Jahre Stadträtin. Dass die hauptamtlichen Politiker:innen der KPÖ einen Großteil ihres Geldes weitergeben, wird oft unter dem Aspekt „gute PR" gesehen, was es sicher ist. Dahinter steckt aber noch ein weiterer Gedanke: Die Politiker:innen sollen ein normales Leben führen und sich nicht vom Durchschnitt der Bevölkerung abheben. Und das private Leben von Elke Kahr, der Bürgermeisterin der zweitgrößten Stadt Österreichs, ist ziemlich normal.

Der große Widerspruch der Figur Elke Kahr ist wahrscheinlich, dass die Kommunistin auch aufgrund ihrer bürgerlichen Sekundärtugenden so gut funktioniert. Sie ist immer freundlich, immer höflich, immer hilfsbereit, egal wer vor ihr steht. Erzählt man ihr beiläufig, dass man noch kein Hotel in Graz habe, bietet sie sofort an, eines zu organisieren. Sie behandelt jeden gleich, egal ob es der Chef der Wirtschaftskammer, eine Journalistin oder ein armer Mensch kurz vor der Zwangsräumung ist. Das ermöglicht der KPÖ, in eher christlich-soziales ÖVP-Klientel hineinzustrahlen, sich aber gleichzeitig nie ganz mit ihm gemein zu machen. Auf Äußerlichkeiten oder Status legt Kahr keinen Wert, was in der feinen Grazer Gesellschaft durchaus immer wieder Thema ist. Ändern würde sie das aber nie, es interessiert sie einfach nicht. Da zeigt sich ein weiteres Problem für die, die nicht über die Politikerin, sondern den Menschen Elke Kahr schreiben wollen: Die Rollen lassen sich bei ihr nicht trennen.

Was ist anders, jetzt, wo sie Bürgermeisterin ist? Gar nicht so viel, sagt Kahr. Sie habe immer noch Parteienverkehr, fahre immer noch einen alten Citroën. Früher war der Sonntag für die Familie reserviert und frei von (partei)politischer Arbeit. Jetzt geht sich das nicht immer aus. Für Hobbys hat sie wenig Zeit. Kurz vor halb zwölf Uhr nachts ist das Gespräch vorbei. Kahr drückt die Zigarette aus und öffnet das Fenster. Zwei Wände weiter, im Bildungsverein der KPÖ Steiermark, sitzt die Kommunistische Jugend und singt mit Gästen aus Nürnberg Lieder auf der Gitarre. Sie werde da noch einen Sprung vorbeischauen, sagt Kahr, bevor sie sich verabschiedet.

Die Frau geht gefühlt wirklich nie heim.

---

[1] https://www.derstandard.at/story/2000020731025/ein-balkon-ist-mir-wichtiger-als-ein-zimmer-mehr (zuletzt abgerufen am 10.10.2022)

# 3. Kapitel

# Die Spaltung der Arbeiter:innenbewegung

Der Erste Weltkrieg macht Konflikte in der Arbeiter:innenbewegung sichbar. 1918 kommt es zur Spaltung. Die steirischen Kommunist:innen setzen sich vor allem in der Stahl- und Maschinenbauindustrie der Obersteiermark und der Umgebung von Graz fest.

Der „Hainfelder Parteitag" ist als Moment der Einigung in die Geschichte eingegangen. Vom 30. Dezember 1888 bis zum Neujahrstag 1889 versammeln sich Delegierte der österreichischen Arbeiter:innenbewegung im niederösterreichischen Hainfeld. Am Ende steht die Gründung einer neuen Partei, der Sozialdemokratischen Arbeiterpartei in Österreich (SDAP). Es ist damit auch die Geburtsstunde der SPÖ, die nach dem Zweiten Weltkrieg unter anderem Namen die Arbeit der SDAP fortführt.

Dass man sich überhaupt einig werden würde, ist im Vorfeld alles andere als klar. In der Arbeiter:innenbewegung in Österreich, ähnlich wie in Deutschland, brodelt es bereits seit Längerem. Auf der einen Seite stehen die gemäßigten Reformist:innen, auf der anderen die radikalen Linken. Der Kernkonflikt ist schon damals die Systemfrage: Sollen die Menschen weiterhin ihre Arbeitskraft verkaufen, aber einen größeren Anteil vom Kuchen erhalten? Oder geht es darum, eine „ausbeutungsfreie Gesellschaft" anzustreben? Anders formuliert: Während die Sozialdemokratie eine Verbesserung der Lebensverhältnisse der Menschen anstrebt und sie am Wohlstand der bürgerlichen Gesellschaft teilhaben lassen will, wollen die Kommunist:innen gänzlich andere gesellschaftliche Verhältnisse. Die SPÖ will eine soziale Demokratie, die KPÖ eine Revolution.

Es gibt unter Sozialdemokrat:innen und Kommunist:innen bis heute keinen Konsens darüber, welche Entwicklungen letztlich wirklich zur Spaltung der Arbeiter:innenbewegung führen. Klar ist, dass es innerhalb der SPÖ seit deren Gründung unterschiedliche Strömungen und Diskussionen darüber gibt, wie ein Sozialismus – damals nennt sich auch die SPÖ noch sozialistische Partei – erreicht und ausgestaltet werden soll. Klar ist ebenso: Die KPÖ entwickelt sich aus der Sozialdemokratie heraus. Im Jahr 1918 kommt es zum endgültigen Bruch.

Begonnen hat es aber bereits früher, was vor allem für das Selbstverständnis der linkradikalen Strömungen bis heute wichtig ist. Bereits vor dem Ersten Weltkrieg gibt es eine kommunistische Bewegung unter den Arbeiter:innen, die die Sozialdemokratie herausfordert. Dabei ähneln sich die Entwicklungen in der Habsburgermonarchie und dem benachbarten Deutschland in Grundsätzen sehr. Auch in der SPD, die bereits 1863 gegründet worden war, gibt es diese Konflikte, die dort untrennbar mit dem Namen Rosa Luxemburg verbunden sind.

In Deutschland schafft es die SPD-Spitze lange, die Konflikte in der Partei durch Kompromisse, wie dem Erfurter Programm, nicht eskalieren zu lassen. Ab Anfang des 20. Jahrhunderts gelingt das immer schlechter, auch wegen der internationalen Entwicklungen. Zum Jahreswechsel 1904/05 kommt es im zaristischen Russland zu revolutionären Unruhen und Massenstreiks, die in den darauffolgenden Jahren immer wieder aufflammen. Daraufhin diskutierte auch die deutsche Linke über die Bedeutung des Massenstreiks als politisches Instrument. Luxemburg will ihn als gewöhnliches, offensives Kampfmittel des Proletariats verstanden wissen. Die Mehrheit der Sozialdemokrat:innen sieht darin aber eine Notfallmaßnahme, die nur in extremen Fällen wie einer Einschränkung des Reichstagswahlrechts zum Einsatz kommen soll. Für Luxemburg wird die SPD immer mehr zu einer Art „bürgerlichen Reformpartei", wie sie kritisiert.

## Russische Revolution 1905

*In den 1850er Jahren verliert Russland den Krimkrieg gegen das von Frankreich und England unterstützte Osmanische Reich und büßt damit auch seine dominierende Stellung in Europa ein. Die sozialstrukturelle, wirtschaftliche und technologische Rückständigkeit Russlands wird immer sichtbarer. Der Versuch, das Land zu industrialisieren, führt zu Unruhen in der Arbeiter:innenschaft und der Landwirtschaft. Der Zar reagierte mit Unterdrückung und Überwachung. 1904 beginnt Russland – auch als Ablenkung von den innenpolitischen Problemen – einen Krieg mit Japan, der in einer schweren Niederlage Russlands und dem fast vollständigen Verlust der russischen Flotte endet. Das Land rutscht in eine Wirtschaftskrise, die Arbeitslosigkeit in den Industriezentren steigt mangels Staatsaufträgen, der Landwirtschaft brechen die Exportmärkte weg. Am 9. Jänner 1905 wird am sogenannten „Blutsonntag" eine friedliche Massendemonstration von rund 150.000 Menschen vor dem Palast in St. Petersburg vom Militär blutig niedergeschlagen. Im Oktober tritt auf Initiative der Buchdrucker der erste Sowjet zusammen, bei dem Leo Trotzki eine führende Rolle spielt. Der Führer der Bolschewiki, Wladimir Iljitsch Lenin, kehrt aus dem Exil zurück und ruft in der irrigen Annahme, das Zarenregime wäre bereits geschlagen, Arbeiter:innen und Bäuer:innen zum revolutionären Widerstand gegen die liberale Bourgeoisie auf. Die Regierung macht in der Folge Zugeständnisse, die aber wieder zurückgenommen werden. Heute wird die gescheiterte Revolution 1905 quasi als „Auftaktevent" zur Februar- und Oktoberrevolution 1917 gesehen.*

Zu Beginn des Ersten Weltkriegs werden die Brüche in der Arbeiter:innenbewegung noch offensichtlicher. Zu diesem Zeitpunkt existieren in der deutschen SPD drei Strömungen. Links steht eine radikale Gruppe um Karl Liebknecht und Rosa Luxemburg, die sich später den Namen Spartakusgruppe gibt. Rechts gibt es die „Sozialpatrioten", eine Gruppe von Revisionisten, die den Krieg unterstützen. Dazwischen steht das Zentrum um den Marxisten Karl Kautsky, das versucht, die Partei zusammenzuhalten.

In einer Streitschrift kritisiert Luxemburg 1915 die Zustimmung ihrer Partei zu den Kriegskrediten und der Mobilmachung an sich. Man sieht hinter dem Krieg das Kapital stehen, das gleichzeitig das Proletariat an der Front für sich sterben lässt. Die Lösung könne nur die Diktatur des Proletariats und die Räteherrschaft sein. Weil es den Radikalen um Liebknecht und Luxemburg nicht gelingt, die SPD vom eigenen Kurs zu überzeugen, treten sie 1917 endgültig aus der Partei aus. Am 30. Dezember 1918 konstituiert sich die Reichskonferenz als Gründungsparteitag der Kommunistischen Partei Deutschlands (KPD). Auch dieser Gründungsparteitag ist geprägt von unterschiedlichen politischen Ideologien und Vorstellungen der Delegierten. Letztlich schwenkt die KPD – gegen den Widerstand Luxemburgs – auf eine ideologische Nähe zu den russischen Bolschewiki ein. Am 15. Jänner 1919 werden Luxemburg und Liebknecht in Berlin ermordet. Der So-

*Trauerfeier von KPÖ und KJV vor dem Wiener Rathaus für die in Berlin ermordeten KPD-Gründer:innen Karl Liebknecht und Rosa Luxemburg am 18. Jänner 1919.*

zialdemokrat Gustav Noske, Volksbeauftragter für Heer und Marine, gibt dem Mordkommando Rückendeckung.

Die Entwicklungen in der Habsburgermonarchie gleichen denen im großen Nachbarland im Groben und Ganzen. Nach dem Hainfelder Parteitag versucht die Leitung der SDAP, die de facto bei der *Arbeiter Zeitung* unter Führung des allseits akzeptierten Victor Adlers liegt, die Konflikte in der Partei zu moderieren. Um die Jahrhundertwende entsteht der Austromarxismus als eine von den gemäßigten Sozialdemokrat:innen um Otto Bauer geprägte Richtung. Er propagiert einen „dritten Weg" zwischen Leninismus und sozialdemokratischem Revisionismus. Radikale Linke betrachteten ihn aber nur als Spielart des Reformismus, der im Gegensatz zum revolutionären Marxismus stünde.

Die Angst vor dem zaristischen Russland führt auch in der Habsburgermonarchie dazu, dass Teile der Sozialdemokratie den Ersten Weltkrieg unterstützen. Der linke Flügel lehnt ihn als imperialistischen Krieg ab. Nach dem Tod von Langzeitkaiser Franz Joseph I. im Jahr 1916 und den Rückschlägen im Krieg verschlechtert sich die Lage der Bevölkerung und der Arbeitenden immer weiter. Es beginnt die Zeit der großen Streiks: Mit dem Wiener Metallarbeiterstreik vom Mai 1917, dem Jännerstreik 1918 und dem Streik vom Juni 1918 überzog eine wahre Welle an Arbeitskämpfen das Land.

Zu dem Zeitpunkt geht der Krieg in sein viertes Jahr. Die Versorgungslage der Bevölkerung ist schlecht, wichtige Konsumgüter sind schon lange vom Markt verschwunden. Am 14. Jänner 1918 legt die Belegschaft der Daimler-Motorenwerke in Wiener Neustadt geschlossen die Arbeit nieder, nachdem man ihnen die Mehlration halbiert hat. Arbeiter:innen der Lokomotivfabrik, der Flugzeugfabrik und der Munitionsfabrik Rath schließen sich an. Zum ersten Mal werden auch in Österreich Arbeiter:innenräte nach russischem Vorbild gewählt. Die zentrale Forderung der Streikenden ist aber der Abschluss eines Friedensvertrags. Nach und nach solidarisieren sich

### Egon Erwin Kisch und die Erstürmung der „Presse"

Der „rasende Reporter" Egon Erwin Kisch, der 1913 als Investigativjournalist die Spionageaffäre um den österreichischen Nachrichtenoffizier Alfred Redl aufgedeckt hatte, spielte 1917 eine zentrale Rolle bei der Verbreitung der KPÖ. Kisch war 1913 nach der Enttarnung Redls als russischer Spion und dessen Suizid nach Berlin übersiedelt, rückte aber 1914 im Zuge der Mobilmachung in Österreich-Ungarn bei der Armee ein. Im Februar 1915 wird Kisch mit dem Prager Korps an die russische Front verlegt und schwer verwundet. Als „felddienstuntauglich" arbeitet er danach als Zensor in Ungarn und lernt unter den Soldaten immer mehr Anarchist:innen, Pazifist:innen und Demokrat:innen kennen. 1917 wird Kisch ins Kriegspressequartier in Wien abkommandiert, das für Presseinformationen und Propagandatätigkeiten der Donaumonarchie zuständig ist. Dort wird er endgültig zum Kriegsgegner. Im November 1917 nimmt Kisch an einer Konferenz des illegalen Aktionskomitees der Linksradikalen teil, das die Gründung eines Arbeiter:innen- und Soldatenrates beschließt – mit Kisch im Leitungsgremium. Im Jänner 1918 wirkt er bei der Organisierung eines Generalstreiks mit. Anfang November 1918 kommt es zu einem Soldatentreffen, in dem die „Rote Garde" gegründet und Oberleutnant Kisch zu ihrem ersten „Kommandeur" gewählt wird. Am 12. November 1918 besetzt er mit seinen Soldaten für einige Stunden die Redaktion der Neuen Freien Presse. Kisch befiehlt, eine Sonderausgabe der Tageszeitung mit der Schlagzeile „Arbeiter und Soldaten Wiens!" und dem Hinweis, die KPDÖ wolle mit der Besetzung der Redaktion „für die Idee der sofortigen Verwirklichung der sozialistischen Republik" demonstrieren, zu drucken. Danach verlässt die Rote Garde die Redaktion wieder.

*Egon Erwin Kisch (li.) und Leo Rothziegel als Führer der Roten Garde.*

immer mehr Arbeiter:innen in Niederösterreich, Wien und der Steiermark. Am Höhepunkt des Massenstreiks am 19. Jänner sind in der gesamten Monarchie etwa 750.000 Menschen auf der Straße. Victor Adler rät der Regierung, Nahrungsmittel in die Streikgebiete zu bringen und eine Erklärung für umgehende Friedensverhandlungen abzugeben, auf das die Regierung eingeht.

Als die SPÖ nach diesen Zugeständnissen den Streikenden die „sofortige Wiederaufnahme der Arbeit" empfiehlt, empfinden das viele als Verrat und als „Abwürgen" der Proteste. Dass die kaiserliche Armee die Unruhen brutal niederschlägt, kreidet die radikale Linke der SPÖ-Führung an. Das Tischtuch ist endgültig zerschnitten. Am 3. November 1918 – neun Tage vor der Proklamation der Ersten Republik am 12. November – kommt es zur Gründung der Kommunistischen Partei Deutschösterreichs (KPÖ). Damit ist die KPÖ eine der ältesten noch aktiven kommunistischen Parteien der Welt. Verglichen mit ihren deutschen Gesinnungsgenoss:innen ist die KPÖ eine eher kleine Bewegung. Der Richtungsstreit in der SDAP ist nie so offen geführt worden wie in der SPD, es fehlen auch die prominenten Köpfe. In den folgenden Monaten expandiert die KPÖ von Wien aus immer weiter nach Westen. Vor allem in den Industriegegenden ist Österreich zu der Zeit ein Pulverfass: In vielen Städten kommt es zu Massendemonstrationen und gewaltsamen Zusammenstößen. Führende Kommunist:innen landen im Gefängnis, zumindest temporär.

Am 21. März 1919 wird in Ungarn die Räterepublik ausgerufen. Die österreichische Regierung ist verunsichert, Staatskanzler Karl Renner entlässt alle noch inhaftierten Führer:innen der KPÖ aus dem Gefängnis. In der steirischen Sozialdemokratie und der KPÖ wächst die Sympathie für das ungarische Modell. Die Kommunist:innen breiten sich in vielen ober- und weststeirischen Industriegemeinden aus. Bei den Wahlen zu den Arbeiter:innenräten sind sie sehr erfolgreich: Im Stahlwerk Donawitz sind von zwölf gewählten Räten elf

Kommunist:innen. Auch bei den Grazer Soldatenräten schneiden die Kommunist:innen gut ab und stellen beim 1. Bataillon des Arbeiterhilfskorps alle vier Räte und beim 2. Bataillon zwei von vier.

Im Donawitzer Hüttenwerk kommt es am 7. April 1919 – am Tag der Ausrufung der Bayrischen Räterepublik – zu einer bedeutenden, spontanen Sozialisierung: Tausende Arbeiter:innen jagen den Direktor davon und bilden ein Direktorium aus zwei Ingenieuren, einem sozialdemokratischen und einem kommunistischen Arbeiter. Auch in anderen Betrieben werden paritätisch aus Sozialdemokrat:innen und Kommunist:innen zusammengesetzte Arbeiter:innenräte gegründet. Die gewählten Delegierten fahren optimistisch nach Wien zur Sozialisierungskommission. Diese soll unter dem Vorsitz Otto Bauers Vorschläge zur Sozialisierung von ganzen Wirtschaftsbereichen erarbeiten. Die Arbeiter:innen verlangen von Bauer die Sozialisierung ihrer Arbeitsstätten, was dieser jedoch als „verfrüht" ablehnt.

Die Grazer KPÖ-Ortsgruppe formierte sich am 22. Dezember 1918. In den kommenden Monaten nehmen die kommunistischen Aktivitäten stetig zu. Am 20. Februar 1919 hält der Vorsitzende der KPÖ Graz, Heinrich Brodnig, vor 3500 demonstrierenden Arbeiter:innen eine umjubelte Rede. Zwei Tage später schießen Gendarmen und Mitglieder der bewaffneten Studentenwehr am Murplatz in die Menge und töten vier Demonstrant:innen. In der darauffolgenden Nacht wird die Führung der KPÖ Graz festgenommen. Wie an vielen anderen Orten in Europa ist die Lage auch in Graz volatil: Führende Kommunist:innen werden festgenommen, freigelassen, nach dem „Gründonnerstags-Putsch" (nach einer Demonstration kommt es vor dem Parlament in Wien zu einer Schießerei, bei der sechs Menschen sterben) wieder inhaftiert. Auch in anderen Gemeinden und Betrieben kommt es zu Festnahmen von Kommunist:innen.

Im Sommer 1919 sehen die steirischen Behörden eine Möglichkeit, die KPÖ von innen zu vernichten. Der Sozialdemokrat Albert Bergauer wird nach seiner Festnahme angeworben und in die KPÖ entsandt, um dort den Anschluss an die SPÖ voranzutreiben. Das funktioniert. Am 12. September berichten der *Arbeiterwille* und die *Tagespost* gleichlautend von der „Auflösung der Kommunistischen Partei in der Steiermark". Drei Tage später gibt es sogar eine pompös inszenierte Einigungsversammlung. Es gelingt allerdings nicht, den steirischen Teil der Partei endgültig zu zerstören: In Bruck an der Mur erklären zeitgleich Mitglieder der KPÖ Graz den Übertritt der kommunistischen Organisation zur SPÖ für nichtig. Bereits am 1. Oktober wird bei einer kommunistischen Ausschusssitzung in Graz beschlossen, sich wieder als eigenständige Organisation zusammenzuschließen.

## *Leoben als roter Kern*

*Donawitz ist ein Stadtteil von Leoben und geprägt vom Hüttenwerk Donawitz. Als Betriebsstätte der Voest ist es bekannt durch die erste Anwendung des Linz-Donawitz-Verfahrens zur Stahlproduktion. Der größere Teil der heute rund 1,5 Millionen Jahrestonnen umfassenden Stahlproduktion wird zu Eisenbahnschienen verarbeitet, was das Werk zum größten Hersteller von Eisenbahnschienen in Europa macht. Mit dem Zerfall der Habsburgermonarchie 1918 ging ein großer Teil der Absatzmärkte des Hüttenwerks in Donawitz verloren. Die Weltwirtschaftskrise verschärfte die Lage. Heute beschäftigt die Gruppe in drei Unternehmen noch immer 2300 Menschen. Das Betriebsgelände umfasst etwa 21 Hektar.*

Die kurze Blüte der KPÖ ist da allerdings schon wieder im Abklingen begriffen. Ab dem Sommer 1919 geht die Zahl der Parteimitglieder in Österreich deutlich zurück. Die Sozialdemokratie übt Druck aus, die Staatsmacht ergreift weiter Repressalien. In der Steiermark gelingen nur noch lokale Erfolge wie bei Betriebsratswahlen im Herbst 1920. Im selben Jahr ist es den KPÖ-Kandidaten nicht einmal mehr möglich, den Nationalratswahlkampf zu führen: Der Vorsitzende Heinrich Brodnig wird verhaftet und aus der Steiermark ausgewiesen, sein Vize Josef Bahc nach Jugoslawien abgeschoben. Bei den Wahlen 1921 und 1923 verliert die KPÖ zunehmend an Boden. In Graz ist sie nicht einmal in der Lage, eine:n Kandidat:in aufzustellen. Bei den 1924 durchgeführten Gemeinderatswahlen tritt die KPDÖ nur noch in vier Gemeinden an und erringt in Eisenerz und Kapfenberg je ein Mandat. Die Partei ist klinisch tot. Als sie 1929 erstmals in Graz antritt, bekommt sie 179 Stimmen. Die Sozialdemokratie kann mit den populären Sozialreformen im „Roten Wien" punkten, die Reste der KPÖ ergehen sich in persönlich gefärbten, ideologischen Auseinandersetzungen.

Erst in der Weltwirtschaftskrise gewinnt die KPÖ wieder Zuspruch. Am 12. Jänner 1930 wird in Bruck an der Mur ein „Reichsaktionskomitee der werktätigen Bauern" gewählt und ein Aktionsprogramm beschlossen. Dieses fordert die entschädigungslose Enteignung von Großgrundbesitz und Kirchengütern sowie die Annullierung sämtlicher Steuerrückstände und Schulden der Klein- und Mittelbauern. In Vorau verhindern 200 Menschen im Jänner 1933 die Zwangsversteigerung eines Bauernhofs. Als vier Bauerndemonstrant:innen von der Gendarmerie verhaftet werden, erzwingt eine aufgebrachte Menge – trotz Militärpräsenz – die Freilassung. Bei den Ge-

*Propagandaausflug einer KPÖ-Gruppe nach Langenwang (Bezirk Mürzzuschlag), 1931.*

meinderatswahlen 1932 erreicht die KPÖ in der Steiermark wieder 50 Gemeinderatsmandate, unter anderem in Leoben, Knittelfeld, Kapfenberg und Mürzzuschlag. Auch in Graz und Umgebung gibt es Mandatsgewinne.

Am 26. Mai 1933 wird die KPÖ per Notverordnung vom austrofaschistischen Regime unter Engelbert Dollfuß verboten. Kommunist:innen können nur noch im Geheimen wirken. Vor allem beteiligt man sich aktiv an dem vom Republikanischen Schutzbund ausgelösten Arbeiteraufstand vom 12. Februar 1934. Nach der Niederschlagung durch Bundesheer und Heimwehr bekommt die KPÖ wieder Zulauf und wächst in kurzer Zeit von 4.000 auf 16.000 Mitglieder an. Gleichzeitig flüchten Hunderte KPÖ-Mitglieder und Angehörige des Republikanischen Schutzbundes in die Sowjetunion und wirken dort im Exil. Viele von ihnen kommen in den Säuberungswellen in der Sowjetunion der 1930er Jahre ums Leben oder ins sibirische Straflager.

*Anlässlich von Zwangsversteigerungen von Bauernhöfen kam es zum Jahreswechsel 1932/33 in Vorau in der Steiermark zu Zusammenstößen mit der Polizei. Ein kommunistischer Redner sprach zu einer 1.500-köpfigen Menschenmenge. Eine KPÖ-Broschüre informierte über die Ereignisse und rief zur Einheitsfront der Bauern mit Landarbeitern und Arbeitslosen auf.*

*Die Grazer Arbeiterwehr am Antikriegstag am 1. August 1931. Der Antikriegstag stand unter dem Motto „Gegen die imperialistische Kriegsgefahr und für die Verteidigung der Sowjetunion".*

## Widerstand gegen Nazis

Nach dem Anschluss Österreichs an das Deutsche Reich treibt die Gegnerschaft zum Faschismus und die Ablehnung des Krieges viele Kommunist:innen in den Widerstand. Sie nehmen im Kampf gegen das Regime schnell eine zentrale Rolle ein: Illegale, antinazistische Druckwerke in der Steiermark sollen etwa zu 90 Prozent von Kommunist:innen gekommen sein. Gleichzeitig arbeitet man mit dem Widerstand in Jugoslawien zusammen. Während in Judenburg etwa eine Partisanengruppe unter Bruno Rauch, Johann Schleich, Franz Mitterer und Karl Havlu aufgebaut wird, werden in Leoben, Kapfenberg und St. Michael militante Anschläge auf Eisenbahnanlagen verübt.

*Franz Leitner: „Gerechter unter den Völkern"*

*Der spätere KPÖ-Landtagsabgeordnete und Landesobmann Franz Leitner (1918–2005) wird 1936 vom austrofaschistischen Regime wegen seiner Mitgliedschaft im illegalen Kommunistischen Jugendveband zu vier Monaten Haft und einer 15-monatigen Polizeistrafe verurteilt. Am 1. September 1939 wird er vom Naziregime verhaftet und ins KZ Buchenwald verschleppt. In seiner ab Oktober 1943 zugeteilten Funktion als Blockältester des „Kinderblocks" (Baracke 8) rettet er Hunderten jüdischen Kindern das Leben. Dafür wird ihm 1999 von der Jerusalemer Gedenkstätte Yad Vashem der Ehrentitel „Gerechter unter den Völkern" verliehen. Leitner unterstützt auch aktiv die Befreiung der KZ-Häftlinge in Buchenwald durch die 3. US-Armee. Ende Mai 1945 kommt er in Wiener Neustadt an und wird dort bald Bezirkssekretär der KPÖ. Ende 1946 wird er Vizebürgermeister und ab 1950 Stadtrat von Wiener Neustadt. 1953 folgt er dem Ruf der Partei und übersiedelt nach Graz. Zuerst wird er Landessekretär, im Jahr 1958 dann auch Landesobmann der steirischen KPÖ.*

*Franz Leitner (li.), wurde 1998 in Israel als „Gerechter unter den Völkern" ausgezeichnet. Als Blockältester des „Kinderblocks" im KZ Buchenwald gelang ihm die Rettung jüdischer Kinder.*

In den letzten Wochen des Krieges stoßen viele Deserteure dazu, und ab April 1945 werden Teile des Koralmgebietes kontrolliert. Am 7. Mai 1945 wird in Radmer als erstem Ort in der Steiermark die rot-weiß-rote Fahne gehisst. Den Freiheitskämpfer:innen gelingt es, die 1. Kompanie des Volkssturms zur Kapitulation zu zwingen. Auch in Hieflau wird die Exekutive auf die Republik Österreich vereidigt. In Eisenerz kann die von den Nazis bereits vorbereitete Sprengung von wichtigen Gebäuden vereitelt werden. Ebenso gerettet werden die Brücken und die Großbetriebe von Graz. Auch in Knittelfeld besetzen 200 Kommunist:innen und Sozialist:innen die öffentlichen Gebäude und leiten mit Hilfe von abgesprungenen Fallschirmagenten des britischen Geheimdienstes die Übergabe des Flughafens Zeltweg in die Wege. Vereiteln kann man auch die SS-Pläne, die Donawitzer Hochöfen zu zerstören.

*Im Frühjahr 1945 konnten die Koralmpartisanen vor allem durch den Zustrom von Wehrmachtsdeserteuren sowie örtlichen Widerstandskämpfern auf rund 500 Mann anwachsen und zu Kriegsende, am 8. Mai 1945, die Orte Schwanberg und Deutschlandsberg befreien.*

*Österreichisches Freiheitsbataillon in Slowenien, vorne*
*sitzend (v.li.): die führenden KPÖ-Funktionäre*
*Franz Honner und Friedl Fürnberg, dahinter: Rudi Spirik,*
*Gusti Sameck (später Hölzl), Theodor Maller und Othmar Strobel.*

# 4. Kapitel

# Die Nachkriegszeit

Mit dem Wirtschaftsaufschwung nach dem Krieg, dem Aufstieg der SPÖ unter Kreisky und der Niederschlagung des Prager Frühlings ging es mit der KPÖ bergab. In der Steiermark konnte man sich dank regionaler und betrieblicher Arbeit stabilisieren.

Während der letzten Tage des Zweiten Weltkriegs, im April 1945, wird die „unabhängige Republik Österreich" von den zuvor neuge-gründeten Parteien ÖVP, SPÖ und KPÖ ausgerufen. Die Bundes-verfassung von 1920 wird wieder in Kraft gesetzt. Die Zweite Repu-blik soll – trotz der alten Verfassung – ein Neubeginn sein. Die Politik steht vor großen Herausforderungen: Es herrscht Armut und Hunger; ganze Städte liegen in Trümmern, das Land muss wieder aufgebaut werden. Die Gesetzgebung der Republik Österreich liegt bis zur Konstituierung einer frei gewählten Volksvertretung in den Händen der Provisorischen Staatsregierung, einem aus Vertretern der drei Parteien gebildeten Kabinett. Dessen Leitung übernimmt, wie schon 1918 bei der Gründung der Ersten Republik, der Sozial-demokrat Karl Renner. Die Oberhoheit über den wiederhergestell-ten Staat üben diesmal jedoch die Besatzungsmächte aus, die Öster-reich von der nationalsozialistischen Herrschaft befreit hatten. Obwohl das Ergebnis der Nationalratswahl im November eine Al-leinregierung der ÖVP möglich gemacht hätte, einigen sich die Par-teien auf die Bildung einer Konzentrationsregierung unter Bundes-kanzler Leopold Figl (ÖVP). Sie wollen damit einer politischen Polarisierung wie in der Ersten Republik entgegenwirken und eine

*Führende Männer des „neuen Österreich" mit den drei kommunistischen Staatssekretären: Ernst Fischer (2. Reihe ganz links), Franz Honner (3.v.li.) in Partisanenuniform und Johann Koplenig (vorne 2.v.re.) zwischen Staatskanzler Karl Renner (vorne mitte) und dem Wiener Bürgermeister Theodor Körner (re.).*

breite demokratische Basis für die Herausforderungen des Wiederaufbaus sichern. Auch die KPÖ ist mit einem Minister in der Regierung vertreten, scheidet aber 1947 im Streit um die Währungsreform aus dem Kabinett aus.

Die Zusammenarbeit der drei Parteien ist aber nicht auf den Bund beschränkt. Im Bezirk Leoben bilden bereits am 8. Mai 1945 – dem Tag der Befreiung der Steiermark – die ÖVP, SPÖ und KPÖ einen „Dreier-Ausschuss", der in der unmittelbaren Folgezeit die provisorische Verfügungsgewalt ausübt. In den ersten Wochen ist der Großteil des Bundeslandes – vor allem die Obersteiermark – Teil der sow-

jetischen Besatzungszone. Für
die KPÖ bedeutet dies, dass
ihre Aktivist:innen von einem
Tag auf den anderen aus der
Illegalität in verantwortungs-
volle Positionen auf Gemein-
de- und Landesebene kom-
men. In der Obersteiermark
beginnt die Rote Armee mit
der Demontage von Betriebs-
anlagen. Nach Festlegung der
alliierten     Besatzungszonen
kommen Ende Juli 1945 die
Briten in die Steiermark und
die Sowjets ziehen ab.

*„Aufbaukundgebung" der KPÖ in Leoben
am 17. Juni 1945.*

In Graz kommt es zur Bildung einer provisorischen Landesregierung. Auch hier gibt es wie in Wien eine drittelparitätische Zusam-
mensetzung der Gremien durch SPÖ, ÖVP und KPÖ. Viktor Elser
als Landeshauptmannstellvertreter, Ditto Pölzl und Raimund Bach-
mann vertreten die KPÖ in der Landesregierung. In Graz ist Johann
Janeschitz der erste KPÖ-Bürgermeisterstellvertreter, Josef Kovacic
wird Wohnungsstadtrat, Franz Huihammer ist für das Bauwesen zuständig. Die Mitgliederzahl der Partei steigt sprunghaft an. Zum ersten Mal in ihrer Geschichte ist die KPÖ eine legale Partei mit Mas-
seneinfluss, die mit ihren Positionen im Land und in den Gemeinden
Entscheidungen treffen kann, die von Bedeutung für das Leben vie-
ler Menschen sind. Bereits Ende Juli 1945 wird der Einfluss der
KPÖ in der Landesregierung aber zurückgedrängt. Bei der Landtagswahl im November 1945 erzielt die ÖVP die absolute Mehrheit,
die KPÖ kommt nur auf 5,39 Prozent und erreicht zwei Mandate.
Das gleiche Bild bietet sich in Graz, wo die KPÖ ebenfalls nur zwei
Mandate erreicht. In der Folge wird man zur Oppositionspartei.

*Alfred Marchel (1904–1992), gelernter Dreher, ist bereits in der Ersten Republik Aktivist der KPÖ. Als Verantwortlicher für eine Bewegung, die sich gegen Wohnungsräumungen in Graz und Zwangsversteigerungen auf dem Land wehrte, kann er zu Beginn der Dreißiger Jahre Erfolge erzielen. Nach 1945 ist er bis 1951 Mitglied der Landesleitung und Leiter der Gewerkschaftsabteilung der steirischen KPÖ.*

*Viktor Elser (1893–1979) ist von 1919 bis 1934 Sekretär der Metall- und Bergarbeitergewerkschaft. Von 1924 bis 1934 ist er Vizebürgermeister in Köflach und ab 1926 SPÖ-Abgeordneter im steirischen Landtag. 1938 wechselt Elser zur KPÖ. Nach dem Zweiten Weltkrieg übernimmt er vom 20. Mai 1945 bis zum 28. Dezember 1945 das Amt des Landeshauptmannstellvertreters in der Steiermark, danach ist er vom 19. Dezember 1945 bis zum 8. Juni 1956 Abgeordneter der KPÖ zum Nationalrat, wo er als Experte für Sozialpolitik und Sozialversicherung auftritt. Zwischen 1945 und 1950 ist er auch Landesobmann der steirischen KPÖ.*

Der Beginn des Kalten Krieges bringt schwierige Zeiten und eine Identitätskrise für die KPÖ. Auch öffentlich wird die Frage gestellt, wem man sich inhaltlich zugehörig fühlt. Der steigende Antikommunismus führt auch dazu, dass die Leistungen und Opfer der Kommunist:innen im Kampf gegen die Nazis zunehmend ausgeblendet werden. Inhaltlich bleibt man der Linie treu: für die Neutralität – an deren Entstehen man sich selbst bis heute eine große Rolle zuschreibt – und gegen den Kapitalismus. Eine große Rolle spielt die steirische KPÖ in der Bewegung für die Verstaatlichung der Grundstoffindustrie und der Banken. Nicht zuletzt, weil es oft – wie in Donawitz – Kommunist:innen waren, die Betriebe vor der Zerstörung durch die abziehenden Nazis gerettet hatten. Nach der Befreiung organisiert die KPÖ die Wiederaufnahme der Produktion, was

*Großkundgebung des Österreichischen Gewerkschaftsbundes am Kapfenberger Sportplatz am 7. Juli 1945. Einer der Redner war der Kommunistische Staatssekretär Ernst Fischer.*

der Partei in der Arbeiter:innenschaft Zulauf verschafft. In der Steiermark erreichen kommunistische Einheitslisten bei den Betriebsratswahlen 1947/48 in Gewerbe und Industrie 21,9 Prozent der Stimmen. In den industriellen Großbetrieben sind es zwischen 30 und 35 Prozent, die SPÖ kam hier auf 40 bis 45 Prozent. Kommunistische Betriebsratsmehrheiten gibt es sogar in einigen Werksabteilungen der Alpine-Montan und im Steinkohlenbergbau Fohnsdorf. In den steirischen Großbetrieben steht die KPÖ hinter zahlreichen Initiativen, die eine Verbesserung der Lage der arbeitenden Menschen bringen sollen: Die Forderungen nach einem 13. und 14. Monatsgehalt, nach mehr Urlaub und einem stärkeren Schutz der Schwer- und Nachtarbeiter werden zuerst in Betrieben wie Donawitz, Kapfenberg oder bei Puch Graz erhoben.

*1. Mai 1948 in Leoben. Bei der Alpine-Montan in Donawitz gab es eine der mächtigsten Betriebsorganisationen der KPÖ. 1950 gehörten 1.300 der insgesamt 6.300 Beschäftigten der KPÖ an. Von 1945 bis 1947 und 1949 bis 1954 stellte die KPÖ mit Sepp Filz beziehungsweise Franz Petz den Betriebsratsobmann.*

Im Herbst 1950 kommt es österreichweit und in der Steiermark zu großangelegten Protesten gegen das sogenannte „Vierte Lohn- und Preisabkommen". Seit dem Ende des Weltkriegs hatte sich bis 1950 die Wirtschaft nicht nur normalisiert, sondern die Produktion übertrifft in einigen Bereichen bereits den Stand von 1937. Demgegenüber beträgt der Reallohn nur rund 50 Prozent von 1937. Ab Sommer 1947 werden deshalb insgesamt fünf Lohn- und Preisabkommen geschlossen, die von Arbeitgeber- und Arbeitnehmer-Vertreter:innen ausgehandelt werden. Sie regeln das Verhältnis von Löhnen und

Preisen und dienen als Instrumente zum Bremsen der Lohnsteigerung und damit der Inflation. Allerdings klaffen damit Löhne und Preise deutlich auseinander.

Die Streikbewegung nimmt ihren Ausgang in Oberösterreich – unter anderem in den Steyr-Werken und der Voest in Linz. In der Steiermark legt zuerst die Belegschaft der Maschinenfabrik Andritz die Arbeit nieder. Es folgen die Puchwerke und Simmering-Graz-Pauker sowie die Stahlwerke in Donawitz. Auch andere Betriebe werden bestreikt. Die KPÖ will den Protesten mit einem Generalstreik mehr Legitimation verschaffen, doch der Plan scheitert. Der ÖGB lehnt den Streik ab und ortet wie die ÖVP-SPÖ-Regierung kommunistische Umsturzversuche. Am 5. Oktober greift der Vorsitzende der Bau- und Holzarbeitergewerkschaft Franz Olah mittels von ihm organisierter Schlägertrupps, die mit Lastwägen zu den bestreikten Betrieben gefahren werden und gewaltsam Streikposten vertreiben, in das Geschehen ein. Die sowjetische Besatzungsmacht im Osten Österreichs zeigt sich zurückhaltend. SPÖ, ÖVP und ÖGB werfen der KPÖ dennoch Putschabsichten

*Die „Hungerdemonstration" am 5. Mai 1947 am Ballhausplatz war die erste große Protestkundgebung der Zweiten Republik. SPÖ und ÖVP sahen darin einen „kommunistischen Putschversuch".*

*Demonstrationszug zum Grazer Freiheitsplatz am 27. September 1950 mit 20.000 Teilnehmer:innen.*

*Konferenz der Betriebsfunktionär:innen der ÖSG im Jahre 1950.*

vor. Die Entwicklungen verstärken die antikommunistischen Haltungen in der Bevölkerung und führen letztlich zur Herausbildung der österreichischen Sozialpartnerschaft mit Verhandlungen zwischen ÖGB und Wirtschaftskammer.

Im Jahr 1950 kommt es zu einem Führungswechsel in der steirischen KPÖ. Viktor Elser gibt die Funktion als Landesobmann ab, bleibt aber im Nationalrat. Sein Nachfolger wird der bisherige Bezirkssekretär in Leoben, Heribert Hütter (1902–1986). Als sozialdemokratischer Betriebsratsobmann der Papierfabrik Brigl&Bergmeister in Niklasdorf nimmt er am Aufstand der österreichischen Arbeiter am 12. Februar 1934 teil, tritt danach der KPÖ bei, arbeitet bis 1938 illegal in Österreich und geht dann ins Exil in die Sowjetunion in ein Kriegsgefangenenlager. Von 1950 bis 1956 ist er Landesobmann der KPÖ Steiermark und nach der Pensionierung Mitglied der KPÖ-Bezirksleitung Graz. Trotz des öffentlichen Widerstandes gegen die KPÖ schöpft die Partei Hoffnung: Beim ersten Wahlgang der

Bundespräsidentschaftswahl im Mai 1951 erzielt KPÖ-Kandidat Gottlieb Fiala, der wegen seiner Teilnahme am Streik als ÖGB-Vizepräsident abgesetzt worden war, 5,12 Prozent der Stimmen – das österreichweit beste Ergebnis in der Geschichte der KPÖ. Die positive Stimmung hat allerdings nicht lange Bestand. Zum Misstrauen von außen kommen innerparteiliche Konflikte, es kommt zu Parteiaustritten. Bei der Landtagswahl 1957 verliert die KPÖ erstmals ihr Mandat im Landtag. Bei der Nationalratswahl 1959 scheidet die KPÖ aus dem Parlament aus.

**Karl Russheim** *(1931–2018). Der Sohn einer Donawitzer Arbeiterfamilie absolviert seine Lehre im Hüttenwerk Donawitz. 1950 wird er wegen Teilnahme am Oktoberstreik entlassen und tritt im selben Jahr der KPÖ bei. Nach einer kurzen Tätigkeit in der Zellulosefabrik Hinterberg wird er wieder in Donawitz eingestellt, zuerst im Blechwalzwerk, danach bis zu seiner Pensionierung am Hochofen. 1956 wird er zum Betriebsrat gewählt, was er bis zum Ausscheiden aus dem Hüttenwerk bleibt. Er gilt als Motor für sozialpolitische Initiativen in Donawitz, die später auch in anderen Betrieben in Österreich übernommen werden.*

**Ferdinand Kosmus** *(1919–1981). Schon als Schlosser- und Dreherlehrling ist der gebürtige Eggenberger in der illegalen KPÖ tätig. Als Werkmeister in der Waggonfabrik unterstützt er die „Rote Hilfe". Gemeinsam mit anderen baut er in der NS-Zeit die Widerstandsgruppe „Steirische Kampfgemeinschaft" auf. Nach der Befreiung 1945 ist er Betriebsrat in der Maschinenfabrik Andritz, ehe er 1953 Angestellter der KPÖ wird. Er ist unter anderem Bezirkssekretär und Bezirksobmann der KPÖ Graz, zwischen 1958 und 1981 Gemeinderat der Stadt Graz sowie zwischen 1959 und 1969 Arbeiterkammerrat.*

Auch die gesellschaftliche Entwicklung scheint gegen die Kommunisten zu sprechen. Der Lebensstandard großer Teile der Bevölkerung steigt. Wirtschaftskrisen wie in der Zwischenkriegszeit bleiben aus. Die Partei findet darauf keine Antwort und deutet den Aufschwung nur als „Zyklus". Mit dem Ende der Besatzungszeit 1955 gehen die Protektion der sowjetischen Besatzungsmacht sowie die starken Positionen in den sowjet-verwalteten USIA-Betrieben verloren. Nur in einigen Betrieben gelingt es Kommunist:innen, ihren Einfluss zu erhalten und gelegentlich sogar auszubauen, weil man mit der Arbeit vor Ort und im direkten Kontakt die Menschen erreicht.

In den 1960er Jahren schöpft man neue Hoffnung. Die steirische KPÖ nimmt aktiv an der Solidaritätsbewegung gegen den Vietnamkrieg und Protesten gegen den faschistischen Militärputsch in Grie-

*1. Mai 1958 in Wien.*

chenland teil und beteiligt sich an der Friedensbewegung. Die Studentenbewegung mit ihrem Höhepunkt im Jahr 1968 bringt gesellschaftliche Veränderung. Einige Studierende entdecken die Schriften von Marx, Lenin, Trotzki oder Mao für sich und treten für eine sofortige Revolution ein. Die SPÖ nutzt unter ihrem neuen Vorsitzenden Bruno Kreisky diese Situation und setzt als Regierungspartei Sozialreformen durch.

Die Niederschlagung des Prager Frühlings im Jahr 1968 lässt die Stimmung weiter gegen gegen die Kommunist:innen kippen: Die KPÖ verliert im Jahr 1970 ihre Vertretung im steirischen Landtag.

*Die Schrumpfungs- und Schließungspläne in Judenburg führten 1981 zu einer Protestwelle, an der KPÖ und GLB führenden Anteil hatten. Am 28. März 1981 demonstrierten 10.000 Menschen für den Erhalt der VEW-Arbeitsplätze.*

*Kundgebung der KPÖ in Leoben für die Sicherung der Arbeitsplätze und eine Abgeltung der Teuerung: Karl Rußheim (Redner), links von ihm Franz Muhri und der Landesobmann der KPÖ Steiermark Willi Gaisch.*

In den Folgejahren häufen sich ernüchternde Wahlergebnisse, dazu kommen eine Überalterung der Mitglieder und ein Rückgang der Mitgliederzahlen. In den 1980er Jahren engt der Aufstieg der Grünen die oppositionellen Spielräume der KPÖ trotz aktiver Teilnahmen an der Friedensbewegung und den Anti-Atomkraft-Protesten weiter ein. In der Steiermark steht zu dieser Zeit der Kampf gegen den Ankauf von Abfangjägern und ihre Stationierung in Zeltweg und Graz-Thalerhof im Vordergrund.

In der zweiten Hälfte der 1980er Jahre versucht die KPÖ, den Widerstand gegen die Zerschlagung und Privatisierung der Verstaatlichten Industrie zu organisieren. In diesen Jahren steht die Existenz der

Partei auf dem Spiel. Die Mauer fällt, der Ostblock zerbricht. Es gibt Überlegungen, die Partei überhaupt aufzulösen.

Der 28. Bundesparteitag der KPÖ im Juni 1991 in Graz wird zum Reformparteitag unter Federführung der Grazer KPÖ. Der Grazer Gemeinderat Ernest Kaltenegger stellt in seiner Begrüßungsrede die programatischen Frage: „Wird die KPÖ wieder zu einer Kraft, die an der Seite der Benachteiligten und Betroffenen steht, wenn es gilt, gegen Sozialabbau, gegen Sanierungskonzepte auf Kosten der Belegschaften, gegen die neue Wohnungsnot oder gegen Privilegienwirt-

*Hungerstreik der GLB-Betriebsräte Helmut Edlinger, Karl Brandl, Richard Götzinger und Raimund Strutz von Donawitz, nachdem die Betriebsräte von SPÖ- und ÖVP-Gewerkschafter:innen Aktionen zur Verteidigung der Arbeitsplätze in der verstaatlichten Industrie abgelehnt hatten. Am 5. September 1986 erhielten sie Besuch von Franz Muhri und Willi Gaisch.*

schaft anzukämpfen?" Das Ergebnis der Gemeinderatswahl in Eisenerz 1990 gibt einen Hinweis darauf, wie die steirische KPÖ wieder Tritt fassen konnte. Die KPÖ steigert ihren Stimmenanteil von 12 auf über 20 Prozent und zieht mit Karl Fluch in den Stadtrat der Bergarbeiterstadt ein. Er verbindet die konkrete Hilfe für die Menschen mit einer prinzipiellen Kritik an den politischen Verhältnissen. Auch in Graz und anderen Gemeinden gibt es Zuwächse. Ab 1998 ist Kaltenegger Wohnbaustadtrat in Graz, im Herbst 2005 zieht man wieder in den Landtag ein. Allerdings gelingt es den Steirern nicht, die Arbeitsweise der steirischen KPÖ österreichweit zu verankern. Die steirische KPÖ arbeitet deshalb seit 2004 eigenständig und autonom.

*Franz Stephan Parteder* (geb. 1947) wird im Bezirk Leoben geboren und ist von 1968 bis 1973 Mitglied der sozialdemokratischen Studentenvertretung VSStÖ und ÖH-Mandatar sowie Mitglied der SPÖ. 1973 tritt er der KPÖ bei und ist an der Gründung des Kommunistischen Studentenverbandes (KSV) in Graz beteiligt. Danach arbeitet er als Journalist bei der Tageszeitung Wahrheit beziehungsweise Volksstimme. Im Juni 1990 wird er zum Landessekretär der KPÖ in der Steiermark und im November 1991 zum KPÖ-Landesvorsitzenden gewählt.

*Karl Fluch* (1944–2015) wächst in Radmer auf. Nach der Lehre arbeitet er im Bergwerk seiner Heimatstadt. Früh tritt er der KPÖ bei und engagiert sich als Betriebsrat und Gemeinderat. Nach der Übersiedlung nach Eisenerz wird er Bezirkssekretär der KPÖ. Im Jahr 1975 wird er Gemeinderat, in den Jahren 1985 bis 1995 ist er Stadtrat. 2015 erringt er 20 Prozent der Stimmen und wird zum Vizebürgermeister gewählt.

*Ernest Kaltenegger* (geb. 1949) wächst in Judenburg auf und macht eine Lehre bei den dortigen Stadtwerken. Von 1965 bis 1968 ist er Obmann der Sozialistischen Jugend in Obdach, von 1970 bis 1971 ist er Bezirksobmann der SJ in Judenburg. 1972 wird er Obmann der Kommunistischen Jugend in Graz, später dann Landessekretär der Kommunistischen Jugend Österreichs. 1981 zieht er nach dem Tod von Ferdinand Kosmus in den Grazer Gemeinderat ein, von 1998 bis 2005 ist er Wohnbaustadtrat in Graz. Bei der steirischen Landtagswahl im Herbst 2005 ist er Spitzenkandidat der KPÖ, die 6,3 Prozent der Stimmen erreicht und damit erstmals seit 1970 wieder in einen österreichischen Landtag einzieht.

Ernest Kaltenegger

# 5. Kapitel

# „Dann geh doch nach Moskau"

Ernest Kaltenegger (72) war über Jahrzehnte das Gesicht der KPÖ in der Steiermark und darüber hinaus. Er saß über 17 Jahre im Grazer Gemeinderat, war später Stadtrat und Landtagsabgeordneter. 2009 trat er aus der ersten Reihe zurück. Ein Gespräch über 50 Jahre in der KPÖ, außerparlamentarischen Druck und Toiletten am Gang.

*Herr Kaltenegger, Sie haben viele Wahlkämpfe geführt – wie mache ich Kommunist:innen wählbar?*
An sich gibt es ein relativ einfaches Rezept: Wesentlich ist, dass Wort und Tat übereinstimmen. Das war mit ein Grund, warum ich überhaupt einst in die KPÖ gekommen bin. Ich war vorher in der SPÖ und habe dort erlebt, dass führende Funktionäre ganz anders handelten, als sie gesprochen haben. In der KPÖ habe ich gesehen, dass das nicht so sein muss. In der KPÖ hat man auch keine Karriere machen können – das war fast ein Garantieschein, dass das nicht passieren wird.

*Es ist 1971, Sie kommen nach Graz und werden ein Jahr später Vorsitzender der örtlichen Kommunistischen Jugend. Was war das damals für eine Truppe?*
Ich hatte zuerst selbst merkwürdige Vorstellungen von der KPÖ. Ich habe gedacht, da kannst du nicht einfach so hin, das ist schon eine Auszeichnung, wenn man da aufgenommen wird. Ich bin dann einmal bei einer Jugendveranstaltung im Grazer Volkshaus gewesen, um

73

Kontakte zu knüpfen. Dort hat mich ein damals gut 50-jähriger Mann angeredet und wir haben politisch diskutiert. Nach einer halben Stunde fragt mich der Mann – es war Walter Kosmus –, warum ich nicht in der KPÖ bin. Ich habe gesagt, dass ich das eh gerne möchte, woraufhin er mir eine Beitrittserklärung in die Hand gedrückt hat und gemeint hat: „Pass auf, deine erste Aufgabe wird Jugendarbeit sein. Und ich sag's dir gleich, bis jetzt gibt es zwei, die das machen. Du und ich." Das war mein Einstieg.

*Was haben Sie beide dann gemacht?*
Wir haben bald eine sehr respektable Jugendgruppe gehabt und viele Veranstaltungen gemacht. Konzerte mit dem deutschen Liedermacher Franz Josef Degenhardt zum Beispiel. So hab ich auch meine damalige Arbeitsstelle verloren. Zu der Zeit habe ich bei der *Kleinen Zeitung* im Vertriebsbüro gearbeitet. Bei dem bereits erwähnten Konzert mit Degenhardt habe ich die Begrüßungsrede gehalten. *Die Wahrheit*, die Tageszeitung der KPÖ damals, hat darüber berichtet, und einer bei der *Kleinen Zeitung* hat mich dann darauf angesprochen. Da habe ich mir schon gedacht, „Oje, das klingt nicht gut". Und dann hat es nicht einmal eine Woche gedauert, bis die Kündigung gekommen ist. Danach habe ich hauptamtlich bei der KPÖ angefangen. Das war am 2. Jänner 1973.

*Als Sie in die KPÖ eingetreten sind, haben Sie sich da schon als Kommunist gefühlt?*
Ja, absolut. Ich war von der Idee fasziniert, das war für mich ein logischer Schritt, auch aufgrund der Erfahrung in der SPÖ. Ich habe mir gedacht: Das ist deine politische Heimat.

*Wie war das 1972 als Kommunist? Wie stand man zum damals noch real existierenden Sozialismus als KPÖ-Mitglied?*
Das muss man kritisch betrachten. Man war – ich rede jetzt von mir

– überzeugter Antikapitalist. Man hatte das Bedürfnis, eine Alternative zum kapitalistischen System zu finden. Da hat es in Europa etwas gegeben, was die Alternative hätte sein können. Wobei man schon auch erwähnen muss, dass man keinesfalls blind war. Wir haben schon gesehen, was nicht gut läuft. Wenn man in ehemaligen sozialistischen Ländern war, hat man gespürt, dass vieles Fassade ist. Und dass auch nicht wenige Funktionäre weder toll oder überzeugend wirkten. Wir haben das ausgelegt als Kinderkrankheit des Kommunismus. Wir dachten, wenn sich der Sozialismus durchsetzt und sich die Menschen mit ihm verändern, wird auch diese Kinderkrankheit verschwinden. Das war natürlich eine Illusion. Das ist nicht passiert.

*Die Realität hat der schönen Vorstellung nicht entsprochen?*
Es hat in den damals sozialistischen Ländern schon auch faszinierende Geschichten gegeben. Ich war erstmals 1973, Ende Juni/Anfang Juli, bei den zehnten Weltfestspielen der Jugend und Studenten in der DDR. Das war äußerst beeindruckend. Dort sind Menschen aus der ganzen Welt zusammengekommen, es herrschte eine unglaubliche Solidarität. Das bleibt in Erinnerung. Wir haben ja zum Teil auch von dieser Illusion gelebt.

*Sie sind 1981 in den Grazer Gemeinderat gekommen, aber nicht im Zuge einer Wahl. Was ist da passiert?*
Das war tragisch. Bei der Wahl 1978 stand ich auf Listenplatz 3. Im Vorfeld hat mich unser Gemeinderat und Listenerster, Ferdinand Kosmus – Walters Bruder –, angesprochen und gesagt, er wolle während der Funktionszeit ausscheiden und ich soll nachrücken. Das ist aber viel schneller gekommen, als wir erwartet haben: er ist bei einem Autounfall ums Leben gekommen. Ich war damals im Volkshaus, als ich einen Anruf vom ORF erhalten habe. Was ich denn zum Tod von Ferdinand Kosmus sagen würde, ich habe da aber noch

nichts davon gewusst. Ich bin dann mit knapp über 30 Jahren in den Gemeinderat. Der Beginn war schwierig, ich hatte niemanden, den ich fragen konnte, der Kontakt herstellen konnte mit Leuten im Rathaus. Wir waren keine Fraktion, hatten kein Büro. Wir wurden einfach nicht ernst genommen.

*Nicht ernst genommen oder feindlich behandelt?*
Es war von beidem was dabei. Die Freundlicheren haben dich von oben herab belächelt, aber gütig behandelt. Aber es war schon sehr schwierig. Ich kann mich noch erinnern, dass ich bei meiner ersten Budgetrede eine Grundsatzerklärung für die KPÖ abgeben musste. Und am Tag davor wurde in Polen das Kriegsrecht ausgerufen. Das war keine heitere Stimmung.

*Wie oft hat man Ihnen gesagt, Sie sollen doch in die Sowjetunion gehen?*
Das war eigentlich ein gängiges Argument. Also dann, wenn man nicht wirklich argumentieren wollte. Dann wurde mir gesagt: „Ja wenn's dir da nicht passt, geh doch nach Moskau".

*Wurde das nach dem Mauerfall einfacher?*
Schon ein bisschen früher eigentlich. In meiner Anfangszeit als Gemeinderat haben auch Leute, die uns wohl gesonnen waren, in der Stadt die Straßenseite gewechselt, weil sie nicht mit einem Kommunisten gesehen werden wollten. 1983 waren wieder Kommunalwahlen. Da war ich Spitzenkandidat, da waren wir grad noch über der Grenze, um in den Gemeinderat zu kommen. Dann hat sich aber was geändert. 1983, waren es 1,8 Prozent, 1988 waren es schon 3,1 Prozent und die Stimmung war anders. Die Leute haben gemerkt, die KPÖ ist nicht so, wie sie dargestellt wird. Das ist ganz wichtig: Wenn man an den Rand gedrängt wird, muss man schauen, dass man Vorurteile abbauen kann. Das geht am besten durch per-

sönliche Gespräche und Aktivitäten. Damit die Leute merken, „das ist nicht verkehrt, was die machen".

*Die KPÖ war nicht mehr der Bürgerschreck wie vorher?*
Wir haben bei der nächsten Wahl 1993, nach dem Zusammenbruch der sozialistischen Länder in Osteuropa, ein zweites Mandat bekommen. Da waren wir dann zu zweit, die Elke Kahr und ich. Damit ist es leichter geworden. Es war aber klar, dass wir Druck von außen herstellen müssen, wenn wir etwas bewegen wollen. Man darf sich nicht allein auf den Parlamentarismus verlassen. Die meisten unserer Anträge wurden von der Stadtregierung versenkt, auch wenn sie wirklich gut waren und teilweise andere mitgestimmt haben.

*Wie ist es dazu gekommen, dass Sie sich so auf das Thema „Wohnen" draufgesetzt haben?*
Ende der 1980er Jahre haben wir gemerkt, dass wir uns ein Schwerpunktthema suchen müssen. Eine kleine Partei kann nie alle Themen besetzen. In Graz hat sich das Wohnungsthema angeboten. Wir hatten damals über 50.000 Studierende in der Stadt und viele Menschen, die zum Arbeiten nach Graz gekommen sind. Die haben alle Wohnungen gebraucht, und man hat kaum erschwingliche gefunden. Die Leute haben 50 bis 60 Prozent ihres Haushaltseinkommens für die Miete ausgegeben. Vor allem bei Genossenschaftswohnungen mit Einweisungsrecht der Stadt war das ein Problem. Dort waren die Mieten am Anfang niedrig, sind dann aber stark gestiegen, je länger man in der Wohnung drin war. Die Argumentation war, dass es Studierenden am Anfang finanziell schlechter geht, sie später aber mehr Geld haben. Es war aber schon damals auch nicht mehr so, dass man in einem Betrieb anfängt und dort auch in Pension geht.

*Vor der Ausrichtung auf das Wohnthema war die KPÖ eine sehr international ausgerichtete Partei. Konnte man die so einfach verändern?*

Es ist nicht ohne Widerspruch gegangen. Es hat auch Genossinnen und Genossen gegeben, die kritisiert haben, wir würden eine Ein-Punkt-Partei werden wegen des Wohnungsthemas. Das hat einfach nicht gestimmt, wir haben auch zu anderen Themen geredet. Aber Schwerpunkt sollte das Wohnen sein. Du musst es schaffen, nach außen zu vermitteln, dass du eine bestimmte Kompetenz hast. Wir haben zum Beispiel den Mieternotruf eingerichtet, weil wir die Menschen informieren wollten. Viele wussten gar nicht, dass sie im Recht sind. Bald wurde uns aber klar, dass die Aufklärung allein nicht reicht. Deshalb haben wir einen Rechtshilfefonds eingerichtet für Spekulantenopfer. Wir haben den Leuten gesagt: „Wehrts euch. Wenn es schiefgehen sollte, übernehmen wir die Anwaltskosten." Finanziert haben wir das durch unsere Bezüge. Wir haben damals alles Geld aus dem Gemeinderat an die Partei abgeführt. Ich war bei der KPÖ angestellt und habe dort ein Einkommen gehabt.

*Wie wichtig war der Mieternotruf, um die KPÖ in Graz zu etablieren?*
Wir haben viele Vorurteile abbauen können. Die Menschen sind mit ihren Wohnungsproblemen zu uns gekommen. Auch viele, die gar nichts mit der KPÖ zu tun hatten. Dadurch kriegst du ein umfassendes Bild von der Wohnungssituation in Graz. 1995 haben wir dann einen Antrag im Gemeinderat für die Einführung einer Belastungsobergrenze für Wohnungen, die von der Stadt vergeben worden sind, gestellt. Niemand soll mehr als ein Drittel des Einkommens für das Wohnen ausgeben müssen. Den Antrag haben sie versenkt, gegen unsere zwei Stimmen. Aber wir haben uns das nicht gefallen lassen. Es gibt in der Steiermark ein Instrument, das Steiermärkische Volksrechtegesetz. Mit diesem Gesetz hatten wir die Möglichkeit, mit damals 10.000 Unterschriften von Wahlberechtigten entweder den Gemeinderat zu zwingen, sich mit dem Thema zu befassen, oder gleich eine Volksbefragung der Grazer Bevölkerung zu erzwingen. Über die zweite Variante haben wir uns ehrlich gesagt

nicht drüber getraut. Wenn das schief geht, dann ist das für die anderen Parteien der Freibrief, weil „die Bevölkerung will das ja eh nicht". Wir haben 20.000 Unterschriften gekriegt, das hat auch die anderen Fraktionen beeindruckt. Die Folge war ein einstimmiger Gemeinderatsbeschluss. Das Ergebnis gilt heute noch.

*Die Unterschriftensammlungen gehören seither zum zentralen Instrumentarium der KPÖ. War das damals der Moment, wo Sie die Kraft dahinter realisiert haben?*
Ich würde sagen, Unterschriftensammlungen sind zu einem unserer außerparlamentarischen Instrumente geworden. Es gab auch andere: Es hat etwa Anfang der 1990er Jahre eine Gesetzesänderung beim Mietrecht gegeben, die bewirkt hat, dass Neuvermietungen wesentlich lukrativer sind. Man hat die Altverträge aber, damals wie heute, nicht einfach kündigen können. Die Vermieter haben dann begonnen, die Leute zu schikanieren. Es hat einen Fall in der Burggasse gegeben, wo der Hausverwalter gesagt hat, als sozialer Mensch möchte er die freien Wohnungen Obdachlosen zur Verfügung stellen. Am Abend hat er dann Dopplerflaschen Wein hingestellt, um die Stimmung anzuheizen. Ein anderer hat Fenster im Winter im Stiegenhaus ausgehängt und hat sie wochenlang in einer Werkstatt „zum Anstreichen" liegen lassen. Wir haben das dann alles öffentlich gemacht, Pressekonferenzen vor Ort organisiert und immer auch die Hausbesitzer mit Name und Adresse genannt. Das hat mir auch Klagen eingebracht. Wir haben keines dieser Verfahren verloren, weil die Sachen immer gestimmt haben.

*Anfang der 90er bricht die Sowjetunion zusammen. Wie wurde das in der KPÖ diskutiert?*
Der Zusammenbruch des realsozialistischen Systems war schon ein großes Thema in der Partei. Viele ältere Genossinnen und Genossen haben mit der Sowjetunion viele Hoffnungen verbunden. Man darf

aus heutiger Sicht nicht vergessen, dass das oft Verfolgte des Nazi-Regimes waren. Da hat es dann schon Sympathien für die Befreier gegeben, auch aus der eigenen Geschichte heraus. Als 1991 die Sowjetunion dann von der Landkarte verschwunden ist, waren viele geschockt. Sie galt für viele von uns als unsinkbares Schiff, das dann plötzlich weg war.

*Mussten Sie und ihre Genossen ihre Positionen danach verändern?*
Nein, wir haben gewusst, wir müssen das weitermachen, was wir schon gemacht haben. Für uns ist nur das „politische Hinterland" weggefallen. Es hat anfangs schon Diskussionen gegeben, ob wir unseren Namen ändern sollen. Diese Diskussionen haben aber nicht lange gedauert. Ich finde auch, es wäre unehrlich gewesen. Die KPÖ gibt es seit 1918, wir sind eine der ältesten kommunistischen Parteien der Welt. Das ist, als ob ein Händler sein Schild austauscht, weil es nicht mehr zieht, aber gleichzeitig dieselben alten Dinge verkauft. Da ist es doch besser, man steht dazu, was man ist.

*Nach der Wahl 1998 stand der KPÖ plötzlich ein Stadtrat zu. Was haben Sie im ersten Moment gedacht?*
Zuerst habe ich mir gedacht: „Oh Schreck." Wir wollten das nicht, wir sind vom Naturell her Opposition. (lacht) Wir wussten, dass die Gefahr besteht, mit den anderen Parteien in einen Topf geschmissen werden. Wir haben deshalb zuerst vorgeschlagen, den Stadtsenat zu verkleinern. Die anderen Parteien sind aber nicht auf unseren Vorschlag eingestiegen. Wenn wir unseren Sitz nicht angenommen hätten, hätte jede andere Partei einen Vorschlag einbringen können.

*Sie sind dann also in den Stadtsenat, damals noch unter SPÖ-Bürgermeister Alfred Stingl. Wie lief das?*
Man hat uns das Wohnungsressort gegeben, damit wir uns blamieren. Uns war schnell klar, dass wir uns irgendwie von den anderen

Parteien unterscheiden müssen, angefangen beim Geld. Wir haben immer die hohen Bezüge für Politiker kritisiert. Also haben wir gesagt, wir machen es anders: Alles, was über das Gehalt eines guten Facharbeiters hinausgeht, wird dafür verwendet, Menschen in Notsituationen zu unterstützen. Da hat es jedes Jahr einen Tag der offenen Konten gegeben, wo wir unsere Konten offengelegt haben, auch gegenüber Journalisten. Das gilt bis heute.

*Wie haben Sie entschieden, wer das Geld bekommt?*
Du kriegst mit der Zeit ein gutes Gespür. Wir haben uns angeschaut, welches Problem es gibt und wie dringlich das jeweils ist. Bei manchen Menschen war die Situation noch so tragbar, dass man sie zum Sozialamt schicken konnte. Bei anderen hat es wirklich schnell gehen müssen: Wir hatten mehrere Fälle, wo am nächsten Tag in der Früh die Räumung anstand. Da hast du schnell bei der Verwaltung anrufen und fragen müssen, ob noch was geht. Oft haben wir ihnen auch was anbieten müssen, zum Beispiel einen Teil der ausständigen Mieten sofort zu überweisen. Das ist ein paar Mal gelungen.

*Haben Sie sich damit nicht letztlich einfach Stimmen gekauft?*
Das hat man uns oft unterstellt. Ich wusste aber, dass viele Leute, die zu uns kommen, gar nicht mehr wählen gegangen sind. Die hatten mit Politik abgeschlossen. Auf der anderen Seite sind manchmal Menschen gekommen und betonten gleich, dass sie Mitglied der KPÖ werden wollen, weil sie ein Problem hatten. Die waren von ÖVP und SPÖ gewohnt, dass das so läuft. In solchen Fällen hab ich dann immer gesagt: „Jetzt schauen wir uns mal Ihr Problem an. Wenn Sie dann nach einem Jahr immer noch das Bedürfnis haben, Mitglied zu werden, dann schön, aber es ist keine Bedingung."

*Konnten Sie als Stadtrat politisch etwas durchsetzen?*
Wir haben geschaut, wo wir im eigenen Ressort Verbesserungen er-

reichen können. 1999 wurde bekannt, dass Graz 2003 europäische Kulturhauptstadt wird. Die ÖVP hat damals den Kulturstadtrat gestellt, alle waren stolz. 1999 hatte Graz 4.200 eigene Stadtwohnungen, jede zweite davon eine Substandardwohnung. Zum Teil ohne Bad, mit Toilette am Gang, also klassisch Altbau für arme Schlucker. Als klar wurde, dass Graz Kulturhauptstadt wird, haben wir plakatiert: „Auch das ist Kultur: Ein Bad für jede Gemeindewohnung." Wir haben im Stadtsenat nach Geld verlangt, um Wohnungen zu sanieren, aber ohne die bestehenden Mieter zu vergraulen. Man wollte uns das Geld zuerst nicht geben. Wir haben dann durchblicken lassen, man könne auch eine Volksbefragung initiieren. Also: die Grazer und Grazerinnen zu fragen, ob ihre Stadt überhaupt Kulturhauptstadt sein soll, wenn sie es nicht einmal leisten kann, ihre Wohnungen zeitgemäß auszustatten.

*Sie haben die Stadt erpresst.*
Die anderen Parteien haben gewusst, dass wir Mobilisierungskraft haben. Wir haben das Geld bekommen. Das Schöne war, dass wir sogar ins Kulturhauptstadtprogramm aufgenommen worden sind, weil wir vorgeschlagen haben, dass man die Fliesen für die Bäder mit dem Logo von Graz als Kulturhauptstadt 2003 versehen könnte. Das hat den Organisatorinnen sehr gut gefallen. Diese Fliesen wurden dann aus deren Budget finanziert und sogar im Souvenirshop verkauft.

*2003 gab es das Rekordergebnis 20,9 Prozent. Haben Sie das im Vorhinein ahnen können?*
Wir haben schon gemerkt, dass die Stimmung nicht schlecht ist, wir waren ja auch immer auf der Straße. 1998 hat es in anderen Parteien zum Teil die Meinung gegeben, dass unser Einzug in den Stadtsenat eine Laune der Wahlarithmetik war. Wir selbst wussten schon, dass wir nicht ausscheiden werden. Aber als wir das Wahlergebnis gese-

hen haben, waren wir hin und weg. Wir haben dann zwei Stadtse-
natssitze bekommen und zwölf statt vier Gemeinderatssitze. Aber
wir hatten ein Problem: Wir haben auf Bezirksebene zu wenige Kan-
didaten aufgestellt, wir konnten nicht alle Sitze besetzen. Das war
einfach ein sehr großer Sprung damals.

*Man sagt, dass die Leute zu dem Zeitpunkt nicht die KPÖ gewählt
haben, sondern Sie.*
Am Stimmzettel steht KPÖ. Und alle, die kandidiert haben – eine
war parteilos –, waren ja alle Mitglieder der KPÖ.

*Wie ging es nach dem großen Erfolg weiter?*
2004 gab es noch einmal eine große Bewährungsprobe. Die Stadt-
kasse war leer, deshalb wollte man die Gemeindewohnungen verkaufen. Uns war klar, dass diese Auslagerung das Ende der Sozialpolitik
in Graz bedeuten würde. Für mich war das kurzsichtig und leichtsin-
nig. Wir wussten, jetzt kommt es auf uns an, wir müssen das verhindern. Diesmal reichte die Drohung nicht, wir mussten die Volksbefragung wirklich durchziehen. Wir waren die einzige Partei, die zur
Teilnahme aufrief, der Abstimmungstag war ein kalter Dezember-
sonntag. Das war ein kritischer Moment. Im Endeffekt haben an die
15.000 Leute abgestimmt, und zwar zu 94 Prozent gegen den Ver-
kauf. Die Wohnungen sind heute noch im Besitz der Stadt.

*Im selben Jahr ist die KPÖ in der Steiermark autonom von der
Bundespartei geworden.*
Es hat Anfang der Nullerjahre in der KPÖ Diskussionen über den
richtigen Weg und die richtigen Schwerpunkte gegeben. Die Kom-
munalpolitik wurde als nicht so hochrangig angesehen wie andere
Themen. Ich bin aber nach wie vor der Überzeugung, dass uns die
Kommunalpolitik die Möglichkeit gibt, Menschen langfristig auch
für andere Themen zu begeistern. Du hast einen direkten Bezug, der

auf nationaler Ebene fehlt. Mittlerweile hat sich diese Diskussion aber sehr entkrampft. Ich halte es auch für nicht klug, wenn sich eine kleine Partei noch einmal spaltet, da ist bald jeder sein eigenes Politbüro.

*Ein Jahr später sind Sie in den Landtag eingezogen.*
Ich wurde gefragt, ob ich kandidieren möchte. Man hatte die Hoffnung, dass wir vielleicht in den Landtag kommen. Da hängt schon viel davon ab, ob wir das Direktmandat in Graz bekommen. Wir haben dann sogar zwei Direktmandate geholt und waren mit vier Leuten im Landtag.

*Sie waren zu dem Zeitpunkt bereits über 30 Jahre in der KPÖ. Wie haben Sie damals auf die Partei geblickt?*
Es war eine bestimmte Genugtuung. Wir haben gezeigt, dass es möglich ist, sich über die Grenzen einer Kommune hinaus zu verankern. Das war ein wichtiger Schritt. Man wird anders wahrgenommen, man musste uns ernst nehmen. Wir waren aber nie professionell. Wir haben zum Beispiel nie irgendwelche Berater beschäftigt. Das war immer etwas Selbstgestricktes. Auch bei den Plakaten haben wir uns nicht die österreichweit bekannten Designer geholt, sondern sie selbst entwickelt.

*Welche Situation haben Sie im Landtag vorgefunden?*
Es war eine interessante Situation, im Jahr 2005. Die FPÖ ist bei der Wahl rausgeflogen, die SPÖ war stärkste Partei, die ÖVP hat die Landeshauptfrau verloren. Dann waren da noch die Grünen und wir, also nur vier Parteien. Wir waren dadurch sehr oft das Zünglein an der Waage. SPÖ und ÖVP waren sich damals spinnefeind und haben versucht, alles zu verhindern, was der jeweils andere wollte. Wir haben nie abgetauscht, weil man da schnell erpressbar wird. Wenn etwas unserer Auffassung entsprochen hat, haben wir aber

durchaus auch einem ÖVP- oder einem SPÖ-Antrag zugestimmt. Die größte Enttäuschung haben wir beim Thema Glücksspiel erlebt. Durch unsere Arbeit mit den Wohnungen sind wir immer wieder draufgekommen, dass die Leute ihr Geld durch Glücksspiel verloren haben. Das waren schreckliche Geschichten. Wir wollten das kleine Glücksspiel, also die Automaten, verbieten. Im zuständigen Unterausschuss war der Vorsitzende ein ÖVP-Mandatar, der in der Wirtschaftskammer für die Glücksspielbranche zuständig war. Ernüchternd war auch: ein Anbieter aus dieser Branche hat parallel dem SPÖ nahestehenden Arbeitersamariterbund ein Rettungsauto spendiert, mit Schlüsselübergabe in Anwesenheit des Landeshauptmanns. Da war klar, dass sich die Sache damit gegessen hatte. Das war enttäuschend, man hat aber trotzdem viel gelernt. Lobbyisten sind in mein Büro gekommen. Einer hat mich sogar in die Firmenzentrale eingeladen. Ich habe mich gehütet. Aber durch diese Kontakte hast du ein abgerundetes Bild bekommen, was in der Branche wirklich los ist.

*Wie war und ist die Beziehung zu Wirtschaftsunternehmen in Graz?*
*Wird man als Kommunist als grundlegende Gefahr behandelt?*
Ich glaube nicht. Wir haben zum Beispiel von Anfang an Kleingewerbetreibende unterstützt, die wir für unverzichtbar halten. Es hat zum Beispiel kleine Geschäfte in städtischen Wohnhäusern gegeben. Wenn die ein Problem hatten, haben wir geschaut, dass sie bleiben können. Wirtschaft heißt ja nicht nur Großkonzerne, sondern da gibt es viel mehr Familienbetriebe. Das können nicht unsere Gegner sein. Bei anderen Unternehmen gibt es auch wichtige und seriöse Betriebe, die können wir auch nicht als Todfeinde sehen. Womit wir ein Problem haben, ist die Konzentration von Großkonzernen. Der öffentliche Sektor darf nicht vernachlässigt werden. Verkehrsbetriebe, Pflegebetriebe, Bildungseinrichtungen und so müssen unbedingt im öffentlichen Besitz sein. Wir haben aber nie gesagt, dass jeder

Würstlstand verstaatlicht werden soll. Das funktioniert nicht, das habe ich selbst erlebt in der DDR.

*Ist die Partei, die Sie in Graz mitgeformt haben, nicht im Grunde eine bessere Sozialdemokratie?*
Nein, auf keinen Fall. Wir stehen nach wie vor dahinter, dass wir eine Alternative zum kapitalistischen System brauchen, weil der Kapitalismus nicht die Lösungen für unsere Probleme bringen wird. Ein Beispiel ist die Klimafrage. Auch die Flüchtlingsbewegungen sind eine Folge des Kapitalismus, das muss man ganz klar sagen. Wir brauchen eine andere Gesellschaftsordnung. Wir brauchen aber nicht so etwas wie in den ehemaligen sozialistischen Ländern. Es ist wichtig eine Demokratie zu haben, Sozialismus ohne Demokratie funktioniert nicht. Wenn Leute glauben, sie können sich aufgrund ihrer Macht über andere hinwegsetzen, wenn die Menschen selbst keine Macht haben, sich einzubringen, dann geht das schief. Und das ist es auch.

*Was bedeutet Kommunismus für Sie?*
Kommunismus bedeutet für mich einerseits eine gerechte Verteilung der Güter, die geschaffen wurden. Er bedeutet auch, dass Menschen nicht ausgebeutet und aufgrund ihrer Herkunft benachteiligt werden dürfen. Kommunismus bedeutet für mich auch Frieden. Was oft vergessen wird, ist eine der wichtigsten Forderungen vor der Gründung der Sowjetunion im Jahr 1917: „Schluss mit dem Krieg." Was heute in Russland passiert hat nichts mit Sozialismus zu tun. Was man dann manchmal an besonderen Feiertagen dort sieht, ist eher Folklore, aber im Grunde ist es ein beinhartes kapitalistisches System. Dort haben sich Menschen in kürzester Zeit bereichert und sind dann so zu Milliardären geworden, während es den anderen schlecht geht.

*Es gibt viele Kommunisten, die sehr russlandfreundlich sind, weil es für
sie der Nachfolger der Sowjetunion ist. Liegen die falsch?*
Ich verstehe diese Leute. Es gibt eine emotionale Bindung. Ich habe
ja schon die Rolle der Sowjetunion bei der Befreiung vom National-
sozialismus angesprochen, die wurde zu Recht noch länger Russland
angerechnet. Man muss aber ein bisschen hinter die Kulissen schau-
en: Russland könnte ein sehr reiches Land sein, aber der Reichtum
geht zu einigen Wenigen. Man braucht sich nur die Yachten anschauen. Also das sind wirklich nicht die Nachfolger der Sowjetunion. Das muss man, so schwer es fällt, zur Kenntnis nehmen. Aber
auch woanders gibt es imperialistische Interessen. Was ich klar beto-
nen möchte, in Verbindung mit dem Krieg in der Ukraine, ist, dass
die NATO nicht die Hüterin der Freiheit und des Friedens ist, so wie
sie oft dargestellt wird. Man darf nicht wegschauen, welchen Anteil
die NATO und die USA haben.

*Im konkreten Fall liefern NATO-Staaten aber Waffen an einen Staat,
der sich gegen einen imperialistischen Angriff verteidigt.*
Es klingt nett, aber lösen wird man das Problem nur mit Verhandlungen können. Man kann Frieden nicht mit Waffen diktieren. Frieden muss über Verhandlungen entstehen. Dann kann das von Dauer
sein.

*Sie sind seit über 50 Jahren in der KPÖ aktiv, haben den langsamen
parlamentarischen Aufstieg beobachten können. Was ist heute anders
als in den 80ern, als Sie das erste mal in den Gemeinderat eingezogen
sind?*
Was besonders erfreulich ist – in jüngster Zeit noch mehr als zu meiner sehr aktiven Zeit –, ist dass wir viel an Kompetenz gewonnen
haben. Die Gemeinräte bringen Ideen mit, die bringen Erfahrung
mit. Das ist nicht zu vernachlässigen. Dadurch können wir viel brei-
tere Themen abdecken. Wir sind jetzt noch weniger die Ein-Punkt-

Partei, von der manche gefürchtet haben, dass wir die werden und bleiben.

*Hätte es den Erfolg der Grazer KPÖ auch ohne Ernst Kaltenegger gegeben?*
Ja, warum denn nicht?

*Sie waren das freundliche Gesicht, das sich um die Menschen gekümmert hat und ihnen den Kommunismus verkauft hat.*
Sich um Menschen in Notlagen zu kümmern, sollte immer eine Kernaufgabe von Kommunistinnen und Kommunisten sein. Aber das machen andere auch, das sieht man an der Elke Kahr. Die macht das auch ganz hervorragend.

*Hätten Sie sich gedacht, dass es in Graz eine kommunistische Bürgermeisterin geben könnte?*
Ehrlich gesagt, nein. (lacht) Ich glaub es hat niemand bei uns gegeben, der das geglaubt hat. Aber es ist eine schöne Bestätigung für den Weg, den wir bislang gegangen sind.

# 6. Kapitel

# In ihren Köpfen

Die KPÖ Steiermark hat sich in den vergangenen Jahren und Jahrzehnten viele Gedanken gemacht, wie man als kommunistische Partei im System agieren kann und wie kommunistische Kommunalpolitik ausschauen sollte. Ein Versuch, diese Gedanken zu verstehen und zu skizzieren.

Wer zu Elke Kahr will, muss mitunter Zeit mitbringen. Mal schiebt sich ein Termin 30 Minuten nach hinten, mal eine Stunde. Kahr schickt niemanden raus, der ihr gerade das Herz ausschüttet. Und wenn jemand spontan Hilfe braucht, wird der Termin auch schnell noch eingeschoben. In den Räumlichkeiten des Bürgermeister:innen-Büros warten zu Zeiten des Parteienverkehrs immer irgendwo Menschen, um sich beraten zu lassen. Die Bürgermeisterin huscht immer wieder von Raum zu Raum. „Ich bin gleich bei Ihnen", ruft sie wiederholt im Vorbeigehen. In solchen Momenten wirkt das Büro, von dem aus die zweitgrößte Stadt Österreichs regiert wird, tatsächlich ein wenig wie die „Caritas", wie es oft ein wenig spöttisch heißt. Viele Beobachter:innen prophezeiten nach dem Wahlsieg der KPÖ, dass sich die Partei und ihre Vorsitzende jetzt ändern müssten. Eine Bürgermeisterin könne keine Zeit mehr für persönliche Beratungsstunden haben. Dieser Gedanke war durchaus auch bei Kahrs Publikum vorhanden. Es hätten schon viele Leute Angst gehabt, dass man nicht mehr da sei, sagt sie. Sie sei so oft gefragt worden, ob denn jetzt noch jemand zu ihr kommen könne. „Die sind so tief drin in den Menschen, diese Hierarchiegedanken." Zumindest im ersten Jahr ihrer Amtszeit hat Kahr all diese Prognosen und Ängste Lügen gestraft. Die Beratungen wurden kaum zurückgefahren – auf Kosten ihrer Freizeit.

Das Büro der Grazer Bürgermeisterin liegt im ersten Stock des Rathauses, mit Fenstern zum Hauptplatz. Kahr wirbelt herum, redet, lacht und unterbricht sich für Fragen („Kaffee? Tee?") selbst. Der Kampf ums Teewasser – laut einem Gedicht von Bertolt Brecht eine der Aufgaben einer Revolutionärin – wurde hier offenbar bereits gewonnen. Nach ihrem Wahlsieg hat Kahr die Designermöbel ihres Vorgängers hinausgeschmissen und durch die Möbel aus ihrem alten Büro ersetzt. Von Seiten der anderen Parteien und auch manchen Journalist:innen werden solche Aktionen belächelt und als Populismus abgetan. Aber vielleicht ist das auch notwendig, weil es natürlich auch ein wenig kränkt, wenn jemand Statussymbole ablehnt, für die man selbst hart arbeiten musste.

Nichts zeigt das schwierige Verhältnis zwischen KPÖ und Teilen des steirischen Establishments so plakativ wie die ORF-Sendung *Pressestunde* Anfang Februar 2022. Kahr ist da gerade knapp zweieinhalb Monate im Amt. Hubert Patterer, Chefredakteur der *Kleinen Zeitung* und einer der beiden Interviewer:innen, ist ein konservativer Journalist mit klaren Positionen, der für gewöhnlich mit klarem Kopf arbeitet. An diesem Sonntagvormittag ist das anders. Patterer geht Kahr unklug an, inklusive einer langen, wirren Frage, die auch beinhaltet, dass Kahr ihn am Morgen am Weg nach Wien in ihrem „rumänischen Flitzer" (der Dacia ist eigentlich das Auto eines Kahr-Mitarbeiters, sie fährt einen alten Citroën) überholt habe. Am nächsten Morgen, wieder klarer, schreibt Patterer, dass man – in dem Fall also er – etwas falsch mache, wenn man „das Publikum in die Solidarisierung mit Machtinhabern treibt".[1]

Als Bürgermeisterin der zweitgrößten Stadt des Landes gibt Elke Kahr viele Interviews. In diesen wird sie auch immer wieder zu Themen befragt, die über die Kompetenzen der Stadt hinausgehen. Die Überschrift ist dann eben auch mal „Ohne Reichensteuer wird's nicht gehen"[2], obwohl Graz in dieser Frage nichts zu entscheiden hat. Dementsprechend ist die Kommunalpolitik für die KPÖ Steiermark auch ein Vehikel für größere Themen. Aber es stellt sich natürlich trotzdem die Frage, was eigentlich das Kommunistische an der Politik der KPÖ in der Steiermark ist. Beziehungsweise ein bisschen größer: Wie kann, wie sollte kommunistische Kommunalpolitik ausschauen?

„Wir können den Neoliberalismus nicht von der Kommunalpolitik aus verändern", sagt Kahr. Das sei klar. Das Wichtigste sei, den Einfluss des öffentlichen Sektors wieder zu stärken. Privatisierungen kämen für ihre Partei nicht in Frage. „Wir wollen Grund und Boden der Stadt nicht veräußern. Ganz im Gegenteil: Es geht uns darum, wieder mehr davon für die Stadt zu sichern." Ursprünglich gab es sogar die Forderung, die Holding Graz – also einen großen Teil der städtischen Unternehmen, die privatrechtlich in einer GmbH organisiert sind, die der Stadt gehört – wieder in die Verwaltung einzugliedern. Das Vorhaben scheiterte am Geld.[3]

Bei manchen Fragen muss die freundliche Frau mit den gebrauchten Möbeln im Büro länger überlegen, bevor sie antwortet. Bei der Frage, was denn Kommunismus für sie konkret bedeute, nicht. „Kommunismus ist für mich eine optimale Gesellschaft, die es aber so nicht gibt." Man könne in seinen Lebzeiten nur versuchen, sich in diese Richtung zu bewegen und die Kräfteverhältnisse zu verändern. „Wir wünschen uns eine grundlegende Gesellschaftsveränderung, aber keine blutige Revolution." Sowas zu propagieren sei immer leicht dahergeredet. Man könne eine Partei nur von unten aufbauen, nicht von oben. „Ich bin zutiefst davon überzeugt, dass du die Gesellschaft nur verändern kannst, indem du Inseln des Widerstands in Gemeinden und Betrieben aufbaust." Das ist auch ein bisschen das, was manche der KPÖ in der Steiermark und in Graz vorwerfen: Ihre Zurückhaltung basiere auf ihrer numerischen Schwäche und Machtverhältnissen. Was wohl stimmt: Wenn die Kräfteverhältnisse andere wären, würde auch die KPÖ anders agieren. In ihrem Gedankengebäude ist die Gesellschaft zu diesem Zeitpunkt aber schon deutlich weiter in Richtung Sozialismus fortgeschritten. Die KPÖler:innen sind, anders als manchmal behauptet wird, keine Sozialarbeiter:innen, sondern im Kern ideologisch stabile Kommunist:innen. Aber sie wissen, dass die „grundsätzliche Veränderung der Verhältnisse", die sie sich wünschen, ohne breite Unterstützung in der Bevölkerung nur scheitern kann. Und dass diese, anders als man vielleicht 1917 gedacht hat, sich nicht einfach mit dem Sozialismus einstellt.

Im Gespräch mit Elke Kahr gibt es Momente, wo man für einen Augenblick vergessen kann, dass man einer Kommunistin gegenübersitzt. Nicht weil ihr das ideologische Fundament fehlt: Kahr ist seit Mitte der 1980er an Bord, hat die Partei mit aufgebaut. Aber mit ihrer herzlichen Art überwindet sie Distanzen, egal ob physischer oder politischer Art, blitzschnell. Ein paar Tage nach dem Gespräch wird jemand sagen, Teil des Phänomens Elke Kahr sei, dass jeder immer gleich beeindruckt aus einem Gespräch mit ihr komme – und wenn es der Chef der Wirtschaftskammer sei.

Kahr hat es perfektioniert, alle Kritik wegzulächeln. An ihr pralle „alles ab wie Teflon", sagt Heinz Wassermann, Politikexperte der Fachhochschule Joanneum. Das ist bei Robert Krotzer, Gesundheits- und Integrationsstadtrat und Kahrs designierter Nachfolger, ein wenig anders. Auch Krotzer ist ein freundlicher, gewinnender und kluger Mann, der zuhören kann. Sitzt man mit ihm an einem Sonntagnachmittag im Volkshaus, fragt er bei der ersten Zigarette mehrfach höflich nach, ob es eh nicht störe. Aber er ist in seinem ganzen Habitus eher Kopf- als Bauchmensch. „Auf kommunaler Ebene sehen wir durchaus Spielräume, die Stadt, die Kommune so zu gestalten, dass sie an der Seite der Bevölkerung steht und auch so wahrgenommen wird", sagt Krotzer. In den marxistischen Betrachtungen zur Staatstheorie zeichne sich eine solche Kommune durch einen hohen Nutzwert für ihre Bürger:innen, aber einen geringen Herrschaftscharakter aus. Damit das gelinge, müsse die Kommune und alle, die dort tätig sind, greifbar sein, sagt Krotzer. „Die Leute, die in der Stadt wohnen – insbesondere die, die es finanziell schwer haben –, müssen das Gefühl haben, dass sie der Stadt nicht egal sind."

Im Verantwortungsbereich von Krotzer, also im Bereich Pflege und Gesundheit, hat man in den vergangenen Jahren eine „Pflegedrehscheibe" ausgebaut: zentrale Anlaufstellen für ältere Menschen und pflegende Angehörige mit hohem Servicecharakter. Dieses Prinzip soll in Zukunft auch im Bereich Gesundheit oder der Wohnungssuche ausgearbeitet werden. Für Kommunist:innen soll der Staat einen hohen Gebrauchswert für die Bevölkerung haben, auch bei den vermeintlich kleinen Fragen. Dahinter steht auch die ganz einfache Erkenntnis: Wenn ich den Menschen andauernd erzähle, die öffentliche Hand sei ein guter Akteur, dann muss er es auch sein. „Wir haben ja auch die Losung: eine nützliche Partei für das tägliche Leben und für die großen Ziele der Arbeiter:innenbewegung", sagt Krotzer. Das Ziel des Sozialismus und die Überwindung des Kapitalismus sei nichts, was man aufgegeben hätte. Man verfolge dieses Ziel weiter, nur eben schrittweise.

Eine Partei, die in einem System operiert, das sie langfristig überwinden will, produziert zwangsläufig Widersprüche. Einer der selten diskutierten Vorteile ist aber, dass man bezüglich der berühmten Einheit von Wort und Tat (siehe Kapitel 5) auch den Beweis antreten kann. Bilder sind verständlicher als lange Texte über marxistische Theorie. Die Gehaltsobergrenze für Mandatar:innen bei der KPÖ und die Zuwendungen an Bedürftige werden von außen gern als skurriles, populistisches PR-Instrument angesehen. Allerdings ist es, anders als manchmal geschrieben, kein Fonds, die Mandatar:innen überweisen die Summen tatsächlich selbst[4] als Teil von ihrem Gehalt. Tatsächlich redet die KPÖ bereitwillig und aktiv darüber und nimmt die gute Nachrede bei bürgerlichen Grazer:innen wohl auch nicht ungern an. In den theoretischen kommunalpolitischen Überlegungen der KPÖ hat die Gehaltsobergrenze aber noch andere Aufgaben. Zum einen strahlt sie symbolisch nach außen. „In ihr wird die kommunistische Idee erlebbar", sagt Krotzer. „Da sieht man, dass jemand nicht nur von Umverteilung redet oder gelegentlich mal spendet, sondern die Idee auch ganz konkret vorlebt."

Zum anderen ist sie aus Sicht der Partei aber nicht nur wichtig, um ihre Politik zu verkaufen, sondern auch, um sie zu machen. „Da kommen wir dann zu Marx: Das gesellschaftliche Sein bestimmt das Bewusstsein", sagt Krotzer. Man könne nicht als Stadtrat 6.000 Euro netto im Monat verdienen und dann in einem Gespräch mit einer Heimhilfe oder Mindestpensionisten sagen, dass man genau wisse, was sie empfinden. „Irgendwann hast du automatisch so eine Entfernung zur gesellschaftlichen Basis, dass du nicht mehr konsequent und ehrlich Politik für Menschen in prekären Verhältnissen machen kannst."

Einer der weiteren Widersprüche der Grazer KPÖ ist der, dass ihre Wähler:innen nicht unbedingt die Menschen sind, die von ihren Aktionen und ihrer Politik am meisten profitieren. Oft haben die auch gar kein Wahlrecht. Viele Wähler:innen der KPÖ sitzen auch in den Innenstadt-Bezirken. Sie sind nicht reich, es geht ihnen aber auch nicht schlecht. In einer Stadt ohne historisch starke kommunistische Partei würden sie die Sozialdemokratie, die Grünen, vereinzelt vielleicht sogar die Neos wählen. Redet man mit bürgerlichen Grazer:innen, wie sie eine Partei wählen können, deren Positionen sie eigentlich ablehnen, dann kommt immer dasselbe: Elke Kahr sei eine beeindruckende Person; es sei bewundernswert, wie sich die KPÖ um die Abgehängten dieser Gesellschaft kümmere. Der Verweis auf die Gräueltaten im Namen des Kommunismus verfängt bei ihnen nicht. Das sei kein Thema der Kommunalpolitik. Und viele von ihnen kämen nicht auf die Idee, die Partei auch bei Wahlen für höhere politische Ebenen zu wählen.

Die konservative Zeitung *Die Presse* nannte die Hinwendung der Grazer kreativen Klasse und des katholischen Sozialflügels an die KPÖ nach dem Wahlsieg 2021 „Radical Chic"[5]. Der Begriff entstand in den 1960er Jahren und bezeichnet die Neigung von manchen Mitgliedern der Mittel- oder Oberschicht, sich aus Distinktionsgründen mit radikalen politischen Ideen gemein zu machen. Einfacher gesagt: In manchen Kreisen der Grazer Gesellschaft gehört es zum guten Ton, die KPÖ zu wählen. Was wohl auch viel mit der Sehnsucht nach authentischen Politiker:innen, die sich nicht verbiegen, zu tun hat. Das Problem ist ein bisschen, dass diese Position vor allem als Sehnsuchtsort und in Kontrast zum restlichen politischen Betrieb attraktiv ist.

Auch wenn die Kommunist:innen in Graz mit der Sozialdemokratie koalieren: Man kann kaum ein längeres politisches Gespräch mit ihnen führen, in dem nicht irgendwann der Weg der Sozialdemokratie als Menetekel auftaucht. Die Sozialdemokratie hätte, so sehen es zumindest die Kommunist:innen, Stück für Stück, Kompromiss für Kompromiss, immer weiter Terrain abgegeben. Dahinter wären oft gute Intentionen gestanden. Aber irgendwann seien die sozialdemokratischen Parteien an einem Punkt angekommen, wo sie nicht mehr von den anderen Parteien unterscheidbar gewesen seien. Dieses „Ankommen" aus der tendenziell radikalen Ecke in die Mitte der Gesellschaft, die Mäßigung durch Selbsteinhegung, ist im Grunde auch das, was sich die Kommentator:innen nach dem Wahlsieg von der KPÖ erwarteten. Es gehe um eine „demokratiepolitische Reifeprüfung. (…) Die Pose des unpolitischen Underdogs mit plakativ-karitativer Ader"[6] reiche nicht mehr, forderten sie. Auch andere schlugen in dieselbe Kerbe. Die KPÖ sieht eben dieses Ankommen hingegen als größte Gefahr für die eigene Legitimation und will es dementsprechend dringend vermeiden. Die Partei hat einige Maßnahmen eingezogen, die verhindern sollen, dass man sich den anderen zu sehr angleicht. So wird beispielsweise von den Kadern – also den hauptamtlichen Mitarbeiter:innen – erwartet, dass sie an Basisaktivitäten wie Lesekreisen teilnehmen, um keinen Graben zwischen Basis und Führung entstehen zu lassen.

Über den Parteienverkehr, also die direkte Beratung von Bürger:innen, wird immer gesprochen, als sei es eine Einbahnstraße. Menschen kämen vorbei und würden etwas bekommen. Was ja auch stimmt. Bei der KPÖ wird aber betont, dass es andersrum genauso sei. „Man schöpft immer aus dem, was die Leute erzählen", sagt Kahr. Was ihre Meinung sei, was sie sorge. Eben sei eine Frau dagewesen, die von einer extrem hohen Rechnung für den städtischen Nottierarzt erzählt habe. „Das hab ich mir sofort aufgeschrieben, das Thema werden wir uns anschauen." Kahr erzählt von vielen solchen Fällen. Von einer Frau, die mit ihrer Familie in einer winzigen Wohnung wohnt und der ein Wohnungswechsel aufgrund der neuen Vergaberegeln für Gemeindebauten (siehe Kapitel 9) fünf Jahre nicht bewilligt wurde. Sie habe erst durch ihre Nachbarin erfahren, dass diese Regelungen vor Monaten wieder geändert wurden. „Da sitzt die vor mir, erzählt diese Geschichte und sagt gleichzeitig, dass in ihrem Haus eine größere Wohnung leersteht", sagt Kahr. „Das ist ja quasi ein Sechser im Lotto, die kriegt das ja sofort bewilligt." Die Frau habe das gar nicht glauben können. Alles, was die in ihrem Leben gewollt habe, sei immer abgelehnt worden. „Das passiert so oft. Wie viele Menschen nicht mal auf die Idee kommen, dass sie Ansprüche haben."

Der steirische Soziologe Manfred Prisching schrieb am Tag nach der Gemeinderatswahl, dass diese unpolitisch gewesen sei, „weil es um eine freundliche Person ging: ein Kategorienfehler im Wahlakt. Kommentatoren sind sich darin einig, dass die Nettigkeit, die offene Tür, das persönliche Engagement, die zahlreichen Kontakte, die persönlichen Spenden der entscheidende Faktor waren, die K-Kandidatin zu wählen. Es handelt sich um die Verwechslung von Politik und Sozialarbeit."[7] Aus Perspektive der KPÖler:innen könnte er damit nicht falscher liegen. Für sie ist Politik nicht gleich Parlamentarismus. Der Parteienverkehr ist aus ihrer Sicht ein politischer Akt. Eine gleichberechtigte Säule ihres Politikstils, ohne den aus ihrer Sicht das ganze Gebäude einstürzen würde. Die KPÖ Graz ist nicht gegen Parlamentarismus, aber der parlamentarische Prozess ist nur einer ihrer Arme. Und das ist schon ein massiver Unterschied zu anderen Parteien in Gemeinderat, Landtag oder Nationalrat, egal wie man das bewerten mag.

Die steirische KPÖ hat weder Ambitionen noch Interesse, andere Instrumente wie Demonstrationen oder Unterschriftensammlungen aufzugeben. Im Gegenteil: Mitte Oktober zog eine von der KPÖ angemeldete Demo unter dem Motto „Preise runter, Löhne rauf!" durch die Innenstadt, um von der Bundes- und Landespolitik eine Erhöhung der Transferzahlungen und einen Preisdeckel auf Grundnahrungsmittel, Energiekosten und Mieten zu fordern. Vier Tage später versammelten sich, wiederum auf Aufruf der KPÖ, Menschen vor dem Landtag in Graz, um die Pflegearbeit „gemeinsam sicht- und hörbar" zu machen. Für diese Forderungen, unter anderem eine Aufstockung der Ausbildungsplätze für Pflegeberuf und Erhöhung des Personalschlüssels in Spitälern und Pflegeheimen, hatte die KPÖ bis November auch schon einmal Unterschriften gesammelt. Die Partei lädt auch weiterhin alle zu „Pflege-Treffen" ins Volkshaus ein, um die nächsten Schritte der Kampagne zu planen. Auch das ist etwas, was die KPÖ klug macht: Wenn sie sich ein Thema setzt, dann bleiben sie dran. Das erzeugt Glaubwürdigkeit bei den Betroffenen, egal ob sie politisch etwas mit der Partei anfangen können oder nicht.

„Ich glaub, dass es wichtig ist, dass wir flexibel bleiben, wie wir uns als Gruppe organisieren", sagt Kahr. Vielleicht werde es, sollten die gesellschaftlichen Verhältnisse noch schwieriger werden, notwendig sein, das Volkshaus überhaupt zu öffnen. „Vielleicht werden wir noch viel stärker auf das Existenzielle abzielen, noch mehr in Richtung einer ,Rote Hilfe' gehen müssen." Das ist vielleicht das grundsätzliche Missverständnis zwischen bürgerlichen Kommentator:innen und der KPÖ: Erstere sehen es als Ziel von Parteien, irgendwann im parlamentarischen Prozess aufzugehen. Letztere glaubt, dass sie sich in diesem Moment selbst überflüssig gemacht habe. Der Parlamentarismus ist nicht das Ziel, sondern eines von mehreren Mitteln zum Zweck. Zur Wahrheit gehört aber auch, dass die Partei dadurch eine ambivalente Beziehung zur parlamentarischen Demokratie hat. Sie nimmt an ihr teil, liebt sie aber nicht.

Manchmal, für einen kurzen Moment, scheint auch bei Kahr durch, dass sie sich und die KPÖ umringt wähnt. Eine Partei wie die ihre habe mit vielen Ressentiments zu kämpfen, sagt sie. „Weil die bestimmenden Kräfte – sei es auf politischer Ebene, auf wirtschaftlicher Ebene – und ihre Verlängerungen in die Medienlandschaft wissen, dass unsere Grundhaltung nicht käuflich ist." Man gehe keine Kompromisse ein, nur um sein Dasein zu legitimieren oder um an die Macht zu kommen. In der KPÖ erzählen sie in solchen Fällen gern vom Wahlkampf 2017, der von der Diskussion um das geplante Murkraftwerk geprägt war. Dort habe die KPÖ ihre Haltung gegen den Bau beibehalten, auch wenn das sogar bei einem Teil ihrer eigenen Wähler:innen nicht gut angekommen sei. Dementsprechend ist die Angst der KPÖ vor einem Zerbrechen der Koalition auch überschaubar. In der Koalition sein Gesicht zu verlieren sei langfristig viel gefährlicher.

Man merkt, dass in die Arbeit der KPÖ in den vergangenen Jahren und Jahrzehnten viele theoretische Gedanken hineingeflossen sind. Aus Sicht der KPÖ sei ihr Weg die einzige Möglichkeit, den Menschen am unteren Rand der Gesellschaft zu beweisen, dass man sich ihren Interessen verpflichtet fühle. Das sei wichtig, auch damit diese sich nicht komplett abwenden oder ihre Wut in Richtung Menschen richten, denen es noch schlechter geht. „Ich bin überzeugt, dass es eine Partei wie die unsere braucht", sagt Kahr. „Angesichts der Verhältnisse umso mehr."

[1] https://www.kleinezeitung.at/meinung/6096291/Causa-Pressestunde_Was-an-Erkenntnis-und-Nachdenkarbeit-bleibt (zuletzt abgerufen am 15.10.2022)

[2] https://www.puls24.at/news/politik/grazer-kpoe-chefin-elke-kahr-ohne-reichensteuer-gehts-nicht/270437 (zuletzt abgerufen am 15.10.2022)

[3] https://grazer.at/en/gCV5p4mO/kapital-rueckzieher-der-kp-holding-graz-wird-doch/?gfactor=0 (zuletzt abgerufen am 14.10.2022)

[4] https://www.kpoe-graz.at/tag-der-offenen-konten-2021.phtml (zuletzt abgerufen am 15.10.2022)

[5] https://www.diepresse.com/6039218/radical-chic-am-linken-mur-ufer (zuletzt abgerufen am 15.10.2022)

[6] https://www.kleinezeitung.at/steiermark/graz/gemeinderatswahl/6039875/Leitartikel-zur-Graz-Wahl_In-Graz-steht-fuer-viele-Akteure-eine (zuletzt abgerufen am 15.10.2022)

[7] https://www.kleinezeitung.at/steiermark/graz/gemeinderatswahl/6039826/Zum-Triumph-der-KPOe_Die-Verwechslung-von-Politik-und-Sozialarbeit (zuletzt abgerufen am 15.10.2022)

Claudia Klimt-Weithaler

# 7. Kapitel

# Jenseits von Graz

Die KPÖ Steiermark ist nicht nur die KPÖ Graz. Auch in anderen Bezirken, vor allem in der industriell geprägten Obersteiermark, sind die Kommunist:innen aktiv. Das hilft auch der Landespartei, die auf starke Ortsgruppen angewiesen ist.

Graz ist wichtig für die KPÖ Steiermark, aber sie selbst ist nicht nur Graz. Auch in Bezirken wie Leoben, Bruck an der Mur oder Murtal sitzen Kommunist:innen in Gemeinderäten, im Stadtrat oder stellen wie im Fall von Gabriele Leitenbauer in Trofaiach sogar die Vizebürgermeisterin. Außerhalb von Graz gibt es in der Steiermark 40 Gemeinderät:innen der KPÖ, der Großteil davon in der Obersteiermark. Das ist kein Zufall. Im Bezirk Leoben, zu dem Trofaiach mit seinen 11.000 Einwohner:innen gehört, ist die Metallindustrie traditionell stark. Der Ort ist geprägt von den Beschäftigten des nahen Voest-Stahlwerks in Leoben-Donawitz und ihren Angehörigen. Seit in der Stahlindustrie immer weniger Menschen benötigt werden, sinkt die Einwohnerzahl langsam, aber kontinuierlich. Ähnlich ist es auch in anderen Orten. Leoben hat heute rund 24.000 Einwohner:innen, am Höhepunkt der Stahlproduktion im Jahr 1961 waren es mehr als 36.000. Noch heftiger ist das Beispiel des Ortes Eisenerz: In den 50er Jahren wohnten 12.500 Menschen im Ort, heute nur noch 3.700. Weil vor allem die Jungen weggehen, ist Eisenerz statistisch auch noch die älteste Gemeinde in Österreich.
Bei den steirischen Gemeinderatswahlen 2020 – ohne Graz, das einen anderen Wahlrhythmus hat – konnte die KPÖ beispielsweise in Trofaiach ihren Stimmenanteil von 16,8 Prozent auf 21,5 Prozent

steigern. In Leoben kletterte die Zustimmung von 10,3 Prozent auf 15,3 Prozent. Solche Wahlerfolge auf den Niedergang der Stahlindustrie, die sozialen Verwerfungen oder die Rahmenbedingungen im Allgemeinen zurückzuführen, wäre aber zu einfach. In anderen Gemeinden gab es für die Kommunist:innen deutliche Verluste. In Eisenerz etwa verlor man 5,8 Prozentpunkte. Im Grunde gilt auch in der Obersteiermark die einfache Regel: Die Partei punktet meist dort, wo es passende Themen, aktive Mandatar:innen und einen hohen Organisationsgrad gibt. Es braucht vor Ort die Gesichter, die eine Partei mit Leben füllen. Und die im Zweifelsfall auch die berühmte Scheu vor den Kommunist:innen nehmen.

Zur KPÖ Leoben etwa gehört seit fast 30 Jahren Werner Murgg, der für die KPÖ seit 2005 auch im steiermärkischen Landtag sitzt und seit dem Ukraine-Krieg aufgrund seiner Äußerungen und Reisen unter Dauerfeuer steht (siehe Kapitel 9). Im Jahr 1995 zog er in den Gemeinderat ein. Zehn Jahre später stieg er, nachdem die KPÖ ihren Stimmenanteil auf 10,5 Prozent mehr als verdoppeln konnte, zum nicht-amtsführenden Stadtrat auf. Das ist er noch heute, 17 Jahre später.

Im Prinzip agiert die KPÖ in der Obersteiermark nicht groß anders als in Graz. Man versucht, nah an den Menschen zu sein, und setzt vor allem auf soziale Themen: die Sicherung der Gesundheitsversorgung, der Kampf gegen die Teuerung und die Ausdünnung des öffentlichen Verkehrs und Schulen. Dazu kommt auch hier eine Beratung in Arbeitsrecht, bei Finanz- und Wohnungsproblemen. Die KPÖ Steiermark bringt auch in der Obersteiermark eigene Regionalzeitungen heraus, ähnlich wie das Stadtblatt in Graz. Sie tragen Namen wie *Trofaiacher Nachrichten*, *Judenburger Rundschau* oder *Rund um den Erzberg*.[1]

Als die KPÖ bei der steirischen Landtagswahl am 2. Oktober 2005 nach 35 Jahren wieder in das Landesparlament einzieht, ist dies eine kleine Sensation, die österreichweit für Aufsehen sorgt. Mit vier Abgeordneten – Ernest Kaltenegger, Claudia Klimt-Weithaler, Werner Murgg und Renate Pacher – ist die KPÖ in der nachfolgenden Periode drittstärkste Partei. Beherrschende Themen für die damals mit der Landtagsarbeit noch unerfahrene Partei – der letzte kommunistische Landtagsabgeordnete, Franz Leitner (siehe Kapitel 3), verstarb wenige Tage nach der Wahl, parlamentarische Mitarbeiter:innen gab es zu jener Zeit noch nicht – sind dieselben wie heute: Man tritt für den Erhalt öffentlichen Eigentums ein, prangert Missstände im Bildungs- und Gesundheitsbereich an und versucht sich an der Aufarbeitung der Skandale, die die ÖVP-FPÖ-Koalition 2005 zu Fall bringen. Bei der nächsten Wahl im Jahr 2009, bei der Ernest Kaltenegger nicht mehr antritt, fällt man auf die zwei Mandate zurück, die man heute noch hält, trotz einer Verkleinerung des Landtags im Jahr 2015.

Das steirische Wahlrecht kennt eine Besonderheit. Anders als anderswo, wo Parteien mit ihrem Wahlergebnis eine bestimmte Hürde erreichen müssen, um in den Landtag einzuziehen, brauchen sie in der Steiermark ein Grundmandat in mindestens einem der vier Wahlkreise. Es hilft also, wenn eine Partei in einem Bezirk sehr stark ist. Für die KPÖ ist es traditionell am einfachsten, das Grundmandat im Wahlkreis 1 (Graz und Graz-Umgebung) zu holen. Hier braucht man dafür etwa 6 Prozent, 2019 kam die KPÖ auf fast 10 Prozent. Im Wahlkreis 4 (Obersteiermark) konnte man 5,9 Prozent gewinnen, blieb aber ohne Grundmandat. Um das Verhältnis noch einmal klarzumachen: Bei der vergangenen Landtagswahl holte die KPÖ im Wahlkreis 1 fast 20.000 Stimmen, im Wahlkreis 4 rund 10.000, in den anderen beiden jeweils um die 3.000. Die Regionalpartei KPÖ Steiermark ist in sich noch einmal eine Regionalpartei. Im Landtag ist es für den KPÖ-Klub nicht leicht. Als Oppositionspartei mit zwei Mandatar:innen macht man selten große Sprünge, zumindest auf dem legislativen Weg. Klubobfrau ist Landesparteichefin Claudia Klimt-Weithaler, die seit 2005 im Landtag sitzt.

Klimt-Weithaler steht seit der Wahl von Kahr zur Bürgermeisterin etwas in deren Schatten, gilt aber bei den anderen Landtagsparteien als anerkannt und nicht weniger beliebt. Im Sozialbereich sei sie „ausgesprochen fachlich versiert, klar im Ausdruck und keine Freundin des persönlichen Untergriffs", schrieb die Austria Presse Agentur (APA) im Vorfeld der Wahl in einer Analyse.[2] Die Obersteirerin und ausgebildete Kindergartenpädagogin stammt aus einem kommunistischen Elternhaus in der Industriestadt Fohnsdorf und ist alleinerziehende Mutter zweier Kinder. Wie die Mitglieder der Grazer Stadtregierung gibt auch sie einen Teil ihres Gehalts ab.

Auf Landesebene ist die KPÖ Steiermark vor allem immer dann gut, wenn sie sich mit starken KPÖ-Ortsgruppen koordiniert. Umgekehrt brauchen die KPÖler:innen vor Ort, wenn ein Problem in den Kompetenzbereich des Landes fällt, die Landespartei, um auf parlamentarischer Ebene Einfluss zu nehmen. Beispielsweise bei einer Kampagne gegen den Pflegeregress. Diese Regelung ermöglichte es dem Land, sich – sollte eine pflegende Person für die Kosten nicht vollständig aufkommen können – einen Teil der Kosten von den Angehörigen zurückzuholen. Bis zu 15 Prozent ihres Verdienstes mussten diese dafür aufwenden. Als Kärnten 2013 den Pflegeregress abschaffte, blieb nur noch die Steiermark als letztes Bundesland übrig. Die KPÖ beginnt, Unterschriften gegen den Pflegeregress zu sammeln. Die Ortsgruppen rennen, auch die Grazer:innen sind sehr aktiv. Am Ende übergibt die KPÖ der zuständigen Landesrätin die Petition mit knapp 18.000 Unterschriften. Der öffentliche Druck wächst, im Juni 2014 fällt der Pflegeregress auch in der Steiermark. Das war natürlich nicht alles der Verdienst der KPÖ und Klimt-Weithaler. Medien schrieben aber über die KPÖ-Politikerin, dass sie sich die Abschaffung „zu einem Gutteil auf ihre Fahne schreiben" könne.[3]

Ebenso gut klappt die Zusammenarbeit beim Thema Krankenhausstandorte. In der Steiermark seit Langem ein großes Thema, speziell jene in der Obersteiermark. Spätestens seit Beginn der Nullerjahre sucht das Land nach Lösungen, um die Zuschüsse zur landeseigenen Spitalsgesellschaft Kages zu senken. Die kolportierten Pläne sehen Schließungen oder Zusammenlegungen von Stationen oder ganzen Spitälern vor. 2005 wird überlegt, für die Kages überhaupt einen privaten Partner zu suchen. Die Pläne sind unpopulär, die KPÖ setzt sich auf das Thema drauf. Im Jahr 2018 präsentieren ÖVP und SPÖ Pläne, die Krankenhäuser von Schladming, Bad Aussee und Rottenmann in Liezen zusammenzulegen. Das neue „Leitspital" solle von überall in 30 Minuten erreichbar sein. Zuständig für die Konzepte war damals Gesundheitslandesrat Christopher Drexler (ÖVP), der 2022 zum Landeshauptmann gekürt wurde. Die KPÖ-Gemeinderäte vor Ort attackierten das Projekt scharf. 2019 kommt es dann zu einer seltenen Konstellation im Landtag: FPÖ und KPÖ bringen gemeinsam einen Antrag für eine Volksbefragung im Landtag im Bezirk Liezen ein. Wieder die Taktik: parlamentarische Mittel mit außerparlamentarischen verbinden. Im April 2019 stimmen im Bezirk rund 67,3 Prozent gegen das Leitspital, bei einer Beteiligung von 42,2 Prozent. Die ÖVP bleibt bei ihren Plänen, allerdings kommt dann ohnehin erstmal eine um ein halbes Jahr vorgezogene Landtagswahl.

Bei dieser Wahl Ende November 2019 kann die ÖVP, wohl auch mit Hilfe der bundespolitischen Stimmungslage durch den damaligen Bundeskanzler Sebastian Kurz, kräftig zulegen. Die KPÖ gewinnt 1,7 Prozentpunkte hinzu, landet bei 5,9 Prozent und hält die zwei Mandate. Drexler wechselt nach der Wahl das Ressort und übergibt das unangenehme Spitalsthema, das dennoch weiterhin aktuell bleibt. Bei der Gemeinderatswahl 2020 zieht die KPÖ in Rottenmann erstmals in den Gemeinderat ein, landete dabei sogar vor der ÖVP. Klimt-Weithaler tourte in den Wochen vor der Wahl mit dem Krankenhausthema durch die Obersteiermark. Das Leitspital Liezen soll weiterhin gebaut werden, Ende September 2022 wird der Siegerentwurf des Architektenwettbewerbs präsentiert. Die KPÖ fordert dennoch, bei dem Projekt die „Notbremse zu ziehen", auch Grüne und FPÖ fordern, das Projekt zu überdenken. Ob in der Sache das letzte Wort gesprochen ist, wird sich zeigen.

Es hat noch keine Wahl gegeben, vor der Zeitungen nicht über Klimt-Weithaler schrieben, sie „kämpfe um den Wiedereinzug". Bislang ist es sich noch immer ausgegangen. Anfang Oktober 2022 erscheint eine Steiermark-Umfrage des Meinungsforschungsinstituts OGM im Auftrag der FPÖ. Die KPÖ kommt dabei auf 12 Prozent und landet vor den Grünen.[4] Diese Momentaufnahme dürfte nicht allein der Landespolitik geschuldet sei, sondern zumindest auch der Popularität und Bekanntheit Elke Kahrs. Aber die KPÖ Steiermark ist ja auch vor allem dann gut, wenn es mit den Ortsgruppen passt.

---

[1] https://www.kpoe-steiermark.at/kpoe-steiermark-download-broschueren-zeitungen-fotos.phtml (zuletzt abgerufen am 20.10.2022)

[2] https://steiermark.orf.at/magazin/stories/3017778/ (zuletzt abgerufen am 20.10.2022)

[3] ebd.

[4] https://www.kleinezeitung.at/steiermark/6197353/Laut-neuer-Umfrage_Dreikampf_OeVP-SPOe-und-FPOe-in-der (zuletzt abgerufen am 21.10.2022)

# 8. Kapitel

# Mehr wohnen, weniger Venezuela

Internationale Entwicklungen und die Position der KPÖ dazu sorgen in der steirischen Kommunalpolitik immer wieder für Debatten. Eine Spurensuche, woher das kommt, worum es geht und welche Positionen die steirische KPÖ hier wirklich einnimmt.

Anfang Oktober 2022, kurz nach dem einjährigen Jubiläum der Gemeinderatswahl in Graz, werden Medien auf ein Video aufmerksam gemacht, das einige Wochen vorher auf der Konferenz der „Antiimperialistischen Koordination" (AIK) in Aflenz aufgenommen wurde. Titel der Konferenz: „Krieg stoppen, Ursachen an der Wurzel packen". Die Szenerie ist unspektakulär: Eine Reihe nicht mehr ganz junger Herren und Damen, unter ihnen der KPÖ-Landtagsabgeordnete Werner Murgg, sitzen im Kreis und debattieren. Im Hintergrund hängt ein Banner, auf den Tischen sind Mappen und Kaffeetassen verteilt. Wer einmal eine x-beliebige Linken-Veranstaltung auf der Welt besucht hat, wird das Bild kennen.

In dem Video bezeichnet Murgg die Ukraine als „Krüppelnation", Nachfolgestaaten Jugoslawiens wie Slowenien als „Kasperlstaaten". Als es um Reparationszahlungen für den seit 2014 andauernden Konflikt geht, sagt Murgg, man müsse auch über „Reparationen an die Volksrepublik Donezk" reden.[1] Zur Erinnerung: Diese Gespräche fanden im September 2022 statt, mehr als ein halbes Jahr nach dem Überfall Russlands auf die Ukraine im Frühjahr 2022. Die

Neos Steiermark spielen den Link zu dem Video, das seit einiger Zeit unbemerkt auf YouTube schlummerte, unter anderem der *Kleinen Zeitung* zu. *Falter*-Chefredakteur Florian Klenk sorgte für eine Verbreitung auf Twitter.

Die Empörung ist groß. Landeshauptmann Christopher Drexler (ÖVP) bezeichnet die Aussagen Murggs als „Schande für die Steiermark". Grüne und Neos geben eine gemeinsame Pressekonferenz, in der sie ankündigen, das Thema Mitte Oktober im steirischen Landtag debattieren zu wollen. „Nicht nur seine Worte sind untragbar, sondern er selbst ist als Abgeordneter untragbar geworden", sagt Grünen-Landeschefin Sandra Krautwaschl.

An dem Montag, an dem das Video publik wird, geht die KPÖ noch in die Offensive. Murgg sieht sich „keinerlei Schuld bewusst". Auch der Landtagsklub schaltet in einer Aussendung in den Modus Attacke: Es sei „so sicher wie das Amen im Gebet", dass nach jeder positiven Meldung über die KPÖ ein Versuch folge, die Partei in ein falsches Licht zu rücken. Einen Tag zuvor war eine Umfrage für die Steiermark veröffentlicht worden, in der die KPÖ bei einer Landtagswahl zu diesem Zeitpunkt 12 Prozent erreichen würde. Lange hält die Vorwärtsverteidigung nicht. Bereits einen Tag später nennt Murgg selbst seine Wortwahl „nicht zu rechtfertigen" und entschuldigt sich „vorbehaltlos"[2]. Auch die Grazer Bürgermeisterin Elke Kahr wird deutlich: Die Worte Murggs seien „nicht tragbar und angesichts von Putins Angriffskrieg völlig unangemessen"[3]. Das habe sie dem Abgeordneten auch in einem persönlichen Gespräch gesagt.

In einer Stellungnahme merkt Murgg an, dass nicht alle Aussagen korrekt wiedergegeben worden seien. So spreche er über die Notwendigkeit einer neuen Friedensbewegung in Österreich und mache sich für die Losung „Stoppt den Krieg!" stark. Der „Angriffskrieg Russlands auf die Ukraine war ein Völkerrechtsbruch". Er sei keineswegs „putinfreundlich" oder würde den Krieg verharmlosen. Den

Begriff „Krüppelstaat" habe er im Konjunktiv verwendet, eine solche Zuschreibung explizit verneint und die Ukraine klar als eigenständige Nation bezeichnet. Die Aussage zu den Reparationszahlungen sei verkürzt worden. Das Zitat habe gelautet: „Man wird auch über Reparationszahlungen reden müssen. Aber nicht nur über jene von Russland an die Ukraine, sondern auch von der ukrainischen Führung für die Schäden in Donezk für die Schäden seit 2014."

Murgg wird 2005 Landtagsabgeordneter für die KPÖ und ist zum Zeitpunkt der Erscheinung dieses Buches neben Klubchefin Claudia Klimt-Weithaler der einzige Mandatar auf Landesebene. Zusätzlich ist er seit 2005 nicht-amtsführender Stadtrat in Leoben, der zweitgrößten Stadt des Bundeslandes. Murgg ist dort seit fast 35 Jahren in der KPÖ aktiv (siehe Kapitel 7). Es ist nicht das erste Mal, dass Murggs internationale Positionen für Aufregung sorgen. Im August 2021 reist er nach Belarus und tritt im dortigen Staatsfernsehen auf, wo er das Land für seine „Stabilität und Ordnung" lobt. Journalistin Simone Brunner, Expertin für die Region, spricht von „Lukaschenko-Whitewashing im Propaganda-TV"[4]. Die steirische SPÖ stellt, analog zur ÖVP Graz (siehe Kapitel 1), öffentlich „10 drängende Fragen zur politischen Ausrichtung der KPÖ"[5]. Elke Kahr muss öffentlich ausreiten und über ihren Parteifreund sagen, dass sie nicht wisse, „welcher Teufel ihn da geritten" habe.[6]

Im März 2022 holt die KPÖ eine Reise einer österreichischen Delegation in die Volksrepublik Donezk im Jahr 2019 ein, an der unter anderem Murgg und der Grazer Gemeinderat Kurt Luttenberger teilnehmen. Erst taucht ein Foto von Luttenberger auf, wie er mit einer italienischen Fahne samt rotem Stern am Grab des prorussischen Milizführers Alexander Sachartschenko posiert, dem Kriegsverbrechen zur Last gelegt werden. Später dann auch Fotos von einer Parade, in der die österreichischen Politiker als Ehrengäste mitlaufen. Und eine Videobotschaft von Murgg, bei der er die Gründung der Volksrepublik Donezk auf die „fürchterlichen Sachen", die vor

2014 in der Ukraine passiert seien, und den Euromaidan, also die Pro-EU-Demonstrationen in Kiew im Jahr 2013/14, zurückführt.[7] Sprich: Der Krieg im Osten der Ukraine ab 2014 sei zumindest auch eine Antwort auf die Ausrichtung der Ukraine in Richtung Westen. Die internationalen Positionen der KPÖ sind wahrscheinlich der Bereich, wo sie es ihren Sympathisanten aus dem bürgerlichen Spektrum am schwersten macht. Im aktuell gültigen Grundsatzprogramm der KPÖ Steiermark gibt es Kapitel mit Titeln wie „Die EU – Ein Bündnis imperialistischer Staaten". Militärische Interventionen wie der NATO-Einsatz gegen Jugoslawien werden als „imperialistische Angriffskriege" bezeichnet, die nur „medial als humanitäre Interventionen aufbereitet" würden. Weshalb es auch richtig sei, von einem „Menschenrechtsimperialismus" zu sprechen.[8] Wer kommunistische Positionen und Theorien kennt, den kann das eigentlich nicht überraschen. Immerhin vollzog sich der Bruch zwischen Kommunist:innen und Sozialdemokratie auch am Thema, ob man den Ersten Weltkrieg ablehnen müsse (siehe Kapitel 3). Wer Kommunist:innen aber nur von der kommunalen Mieterberatung kennt, der wird vielleicht schon überrascht sein.

Das bietet mediale und politische Angriffsflächen: Wie hält es die Partei mit den Verbrechen, die im Namen des Kommunismus begangen wurden? Wie hält sie es mit Ländern wie Venezuela, wie mit dem Existenzrecht Israels? Für viele Beobachter:innen und Journalist:innen sind das Gretchenfragen, die KPÖler:innen in Interviews immer wieder beantworten müssen. Das kommt nicht aus dem Nichts. In Teilen der KPÖ, nicht nur auf Bundesebene, gab und gibt es eine gewisse Sowjetnostalgie. Die Gründe dafür sind vielfältig und liegen oft auch in den persönlichen Biografien der Menschen (siehe Kapitel 5). „Die Solidarität mit der Sowjetunion hat bei mir begonnen, weil alle gegen sie waren", erinnert sich Elke Kahr. In der Jugend, wenn man mit dem Kopf durch die Wand wolle und die Eltern unbedingt links überholen müsse, verteidige man auch mal Dinge, die nicht zu verteidigen seien.

„Auf einen Stalin wär ich aber nie gekommen." Sie sei eher von der vorrevolutionären Zeit im zaristischen Russland fasziniert gewesen, vor allem von der Volkstümlerbewegung. Das waren Intellektuelle, teilweise adliger Herkunft, die zur Zeit der 1905er Revolutionsbewegung bewusst unter den Bauern und Arbeitern lebten und dort „revolutionäre Aufklärung" betrieben.

Es wird immer wieder behauptet, dass es von Seiten der steirischen KPÖ, von Seiten Kahrs, keine Distanzierung von den Verbrechen in realsozialistischen Ländern gebe. Das ist so nicht korrekt. Es gibt diese Distanzierungen seit Langem. Und das ist auch keine Fassade. Man kann auch im Zwiegespräch mit vielen steirischen Kommunist:innen gut über die Fehler und Verbrechen in der Sowjetunion und anderen sozialistischen Ländern reden. Nur ist die Perspektive der Kritik eine andere. Die marxistische Kritik am realexistierenden Sozialismus redet über diese Fehler – wenn es nicht um Massenerschießungen geht – wie über eine falsche Abzweigung, die man beim Navigieren genommen hat. Für viele Kritiker:innen sind sie hingegen der strukturelle Beweis, dass das Ziel von Anfang an falsch war. In der KPÖ wird darauf verwiesen, dass diese Debatten eher von außen hineingetragen werden. „In Graz werden wir im persönlichen Gespräch auf solche Themen fast gar nicht mehr angesprochen", sagt Gesundheitsstadtrat Robert Krotzer (KPÖ). „Die Leute wissen, dass wir mit den 1930er Jahren, den brutalen Säuberungen in der Sowjetunion oder Ähnlichem nichts zu tun haben und auch nichts zu tun haben wollen."

Die KPÖ leugne die Probleme des Realsozialismus nicht, sagt Krotzer, erkenne aber an, dass es sozialistischen Ländern gelänge, unter schwierigen Bedingungen Verbesserungen für die breite Masse der Bevölkerung zu erreichen. Da bleibe auch Kuba ein Bezugspunkt. „Im Wissen, dass es ein Entwicklungsland ist, dass es unter dem Embargo leidet, dass es viele, auch hausgemachte Probleme ökonomischer Natur, aber auch im Bereich der politischen Repräsentanz hat."

Aber es sei beachtlich, wie es einem Land gelingt, im Vergleich mit Haiti oder Jamaica, ein für alle Menschen kostenloses Gesundheitssystem, ein kostenloses Bildungssystem zu gewährleisten.

Die Welt sei nicht nur schwarz und weiß. Bezüglich des Jugoslawiens von Staatspräsident Josip Tito (1892–1980), das vor allem für Kahr ein Bezugspunkt ist, hat sich folgende Sprachregelung eingebürgert, die so nach der Gemeinderatswahl 2021 auch der ÖVP im Zuge der „30 Fragen an die KPÖ" (siehe Kapitel 1) mitgeteilt wurde: „Jugoslawien ist in den Jahrzehnten der Präsidentschaft von Tito aus einem feudal-agrarischen Land zu einer Industrienation geworden. Das Land hat Tito auch mit Methoden, die wir zutiefst ablehnen, zusammengehalten."[9]

Am 22. September 2022 hat die KPÖ das Problem, dass sie nicht mit einer Erklärung auf die mediale und politische Debatte antworten kann, sondern nur mit „Ja" oder „Nein". Die Neos bringen im Grazer Gemeinderat einen dringlichen Antrag ein. Das Plenum solle sich „umfänglich zu den auf EU-Ebene ausgesprochenen Sanktionen gegen die Russische Föderation wegen ihres völkerrechtswidrigen Krieges gegen die Ukraine" bekennen. Solche Resolutionsanträge sind auf Gemeinde- und Bezirksebene nicht selten. Sie sind de facto folgenlos, sind aber eine Möglichkeit, Politikfelder zu behandeln, die eigentlich nicht in die Kompetenzen des Gemeinderats fallen. An diesem Freitag im September schnappt die Falle der Neos zu: Alle Parteien im Gemeinderat stimmen zu, außer die KPÖ und die FPÖ. „Grazer KPÖ bekennt sich nicht zu Russland-Sanktionen", heißt es in der Folge in den Medien. Am Tag danach ist Kahr auch noch zu Gast in der ORF-Sendung ZiB2, eigentlich anlässlich „ein Jahr Wahl in Graz". Stellung nehmen zu der Abstimmung muss sie aber natürlich doch. Kahr nennt den Krieg einen „fürchterlichen Angriffskrieg gegen die Ukraine". „Die Tragödie ist aber auch, dass die Sanktionen diesen Krieg nicht beenden. Ich würde mir wünschen, dass sie es schaffen, aber sie schaffen es eben nicht." Sie fände es schlimm, wenn man in die „Kriegslogik" falle. Die Waffen müssten nieder, wie es auch (Österreichs Friedensnobelspreisträgerin) Bertha von Suttner schon 1889 gefordert habe.[10]

Da war wieder die Elke Kahr, der man ihren Pazifismus zweifelsfrei abkauft. Die aber auch im Vorfeld nach Ausbruch des Krieges schrieb, dass die Truppen zurückgezogen werden müssten, „und zwar auf beiden Seiten", um diplomatische Lösungen zu finden. Mit der „zweiten Seite" war hier die NATO gemeint. Die hat zwar keine Truppen auf ukrainischem Staatsgebiet. Teile der Linken werfen ihr aber vor, bei ihren Osterweiterungen zu nah an Russland gerückt zu sein und dessen Sicherheitsinteressen nicht ausreichend Beachtung geschenkt zu haben.

Aus Sicht der bürgerlichen Gesellschaft ist das eine naive Sicht, weil sie nicht einbezieht, dass es Situationen gibt, in denen dauerhafter Frieden nur mit Hilfe von Waffen geschaffen werden kann. Kommunist:innen wiederum würden diese Sichtweise naiv nennen, weil sie aus ihrer Sicht die strukturellen Gründe für Kriege außer Acht lässt. Dazu muss man kurz in die marxistische Sicht auf den Krieg als als Phänomen eintauchen, zumindest sehr grob: Für Kommunist:innen werden im Imperialismus, der höchsten Stufe des Kapitalismus, Kriege nicht mehr einfach nur zwischen souveränen Staaten geführt. Krieg findet im Interesse der globalen, kapitalistischen Monopole und deren Staaten statt, um Märkte zu öffnen, die Nachfrage nach Rüstungsgütern zu sichern und die Herrschaft der Imperialisten zu sichern und zu erweitern. Das Proletariat hat im Prinzip kein Interesse, gegen das Proletariat in anderen Ländern zu kämpfen. Deshalb müssen die wahren Motive für den Krieg verschleiert werden. Aus dieser Perspektive gibt es im Imperialismus keinen „gerechten" Krieg, zumindest keinen klassischen. Hinter Krieg stehen, selbst wenn einzelne Motive durchaus hehrer Natur sein können, immer die Interessen des Kapitals.

Was hier so klar und einfach klingt, ist natürlich in der Realität höchst komplex und widersprüchlich. Dementsprechend wundert es nicht, dass die Haltung von vielen KPÖler:innen in der Steiermark, aber auch von Kommunist:innen weltweit, von Widersprüchen geprägt ist. Auch viele, die den Krieg als russischen Angriffskrieg anerkennen, haben gleichzeitig ein massives Unbehagen bezüglich der Rolle der NATO und der rechten Kräfte in der Ukraine selbst. Deshalb kommt da oft eine „Ja, aber"-Position heraus, die einer Öffentlichkeit, die nicht über den selben theoretischen Unterbau verfügt, kaum zu vermitteln ist. Und im schlechtesten Fall schlicht unmoralisch wirkt. Die KPÖ verweist in diesem Zusammenhang darauf, dass „Öffentlichkeit" nicht gleichzusetzen sei, mit der polit-medialen Öffentlichkeit. In direkten Gesprächen mit den Bürger:innen seien die Reaktionen ganz anders als in den Medien.

Auf der politischen Ebene hält die KPÖ Steiermark die „immerwährende Neutralität" hoch wie wenig andere Parteien in Österreich. Seit 1977 begeht sie den Nationalfeiertag am 26. Oktober als „Neutralitätsfeiertag". 2021 hielt Kahr dort eine Rede über die „Zukunft der Neutralität". Es könne niemals das Interesse der Menschen in welchem Land auch immer sein, Kriege zu führen; Aufrüstung bedeute immer, dass damit Menschen getötet werden sollen. „Österreich hat geschworen, den Pfad der Völkerverständigung zu gehen – durch unsere Neutralität. Das ist eine der größten Errungenschaften in unserem Land." Diese sei durch Österreichs Mitgliedschaft in der EU, die durch immer stärkere Aufrüstung auf dem Weg zur Supermacht sei, gefährdet. In der Extremismusforschung gibt es die „Hufeisentheorie", nach der es eine strukturelle Nähe zwischen den linken und rechten politischen Rändern gebe. Diese Theorie wird auch in der Forschung heftig kritisiert. Die Außen- und Neutralitätspolitik sind aber einer der Bereiche, in dem KPÖ und FPÖ wirklich zu ähnlichen Lösungen kommen, auch wenn sich Motivation und Herleitung komplett unterscheiden.

Der Verweis auf die Neutralität ist klug, weil der Begriff positiv besetzt ist. Ansonsten redet die KPÖ in Graz über ihre internationalen

Positionen vor allem dann, wenn sie gefragt wird. Die Verantwortlichen wüssten, dass sie damit wenig gewinnen könnten, sagen Beobachter:innen. In den Sondierungsgesprächen im Herbst 2021 sagt Elke Kahr, man solle die Kirche im Dorf und „das Rathaus am Hauptplatz" lassen. „In den Gesprächen um die Zukunft von Graz solle es um die Zukunft von Graz gehen, nicht um die Geschichte der Weltpolitik."[11] Das ist natürlich (auch) eine altbekannte Strategie. David Shor, selbsternannter „Daten-Guru" der US-Demokraten, fasste das Prinzip einmal prägnant zusammen: Talk about what's popular, don't talk about what's unpopular. Frei übersetzt: Rede über Wohnen, die Beratung, die Teuerung, nicht über Venezuela. Zumindest nicht sofort.

Auf einem abstrakten Level kennt die KPÖ in der Steiermark und in Graz die Vorwürfe seit Jahren. Dafür hat man Wordings, damit kann man umgehen. Der Krieg in der Ukraine hat die Situation aber ein Stück weit verändert und erinnert an Debatten etwa zur Zeit der Niederschlagung des „Prager Frühlings". Jetzt wird der KPÖ wieder die Frage „Auf welcher Seite steht ihr?" nicht mehr nur hypothetisch gestellt. Und die Genoss:innen haben gewissermaßen Pech, dass durch den russischen Angriff auf die Ukraine auch der Teil ihres Gedankenguts zum Thema wird, der für die Kommunalpolitik eigentlich keine Rolle spielt. Jetzt gibt es, etwas über 1000 Kilometer Luftlinie von Graz entfernt, reale Massengräber, zu denen man Stellung nehmen muss.

Die Causa Murgg ist insofern ärgerlich für die KPÖ, als sie normalerweise gut aufpasst, sich ihren Erfolg nicht durch verhaltensauffällige Kandidat:innen in den eigenen Reihen kaputt machen zu lassen. Prinzipiell gibt es in vielen Parteien exzentrische Vertreter:innen. Man denke an Franz Hörl, den Seilbahnsprecher in der ÖVP. Oder Georg Dornauer, den Tiroler SPÖ-Chef, der 2019 seinen Porsche am Flughafen Innsbruck stehen ließ – mit geöffnetem Fenster und geladener Jagdwaffe am Rücksitz. Diese Politiker:innen fallen auf.

Entweder, weil ihre Positionen selbst für ihre Partei radikal sind, oder weil sie in Verhalten und Kommunikation ausscheren. In vielen Fällen ist es auch beides. In Österreich würde man vielleicht vom „Narrensaum" sprechen. Parteien von der Größe der KPÖ sind strukturell anfälliger für solche Kandidat:innen. Sie haben eine geringe Personaldecke, der parteiinterne Aufstieg kann schnell gehen. Der „Narrensaum" fällt dort besonders auf, weil die Zahl an Mandatar:innen und bekannten Gesichtern kleiner ist. Und wenn bereits die politischen Positionen der Parteimitte am gesellschaftlichen Rand stehen, sind die parteiinternen Ränder der Mehrheitsgesellschaft oft kaum noch vermittelbar. In Österreich ist das Phänomen – mangels einer starken, bundesweiten linken Partei – vor allem eine Sache des rechten äußeren Spektrums. In Deutschland mit seiner relativ starken Linkspartei sieht das anders aus.

In der Steiermark achtet die KPÖ eigentlich darauf, sich möglichst wenig solcher problematischer Äußerungen aus der Partei einzuhandeln, indem man gewisse Hürden einzieht. „Zumindest in Graz ist die KPÖ eine echte marxistische Kaderpartei", sagt Heinz Wassermann. Man müsse zwar nicht das „Kapital" auswendig können, wenn man zum ersten Mal dort auftauche. „Aber du wirst als Neuer erstmal getestet." Bei der KPÖ wiederum wird das dementiert. Allerdings reden auch andere Gesprächspartner:innen von „handverlesenem Personal". Ein rasanter Aufstieg sei in dieser Partei nicht möglich. Die führenden Figuren der KPÖ werden langsam aufgebaut. Robert Krotzer – der logische Nachfolger, sollte Elke Kahr einmal in den Ruhestand gehen – bekam 2017 die Position als zweiter Stadtrat der KPÖ auch deshalb, um Erfahrungen für diesen Fall zu sammeln. An der Geschichte der Partei, die potentielle Neuzugänge testet, mag einiges dran sein. Die interne Sicht auf die Probleme zeigt aber auch, dass es noch eine andere Wahrheit gibt: Auf dem Parteitag im Mai 2022 stellte die KPÖ selbstkritisch fest, dass bei ihnen zu viele potentielle Neumitglieder als Karteileichen enden (siehe Kapitel 10).

Die KPÖ ist, so erzählen es Gegner:innen wie Wohlgesonnene, eine extrem disziplinierte Partei. Während bei den Grünen oder der SPÖ gerne mal mehrere Meinungen zu einem Thema nach außen dringen, ist das bei der KPÖ anders. Wenn parteiintern eine Position gefunden ist – beziehungsweise „von Elke oder Robert vorgegeben wird", wie jemand aus der Koalition ironisch sagt –, halten sich alle daran. Das ist für Parteien, die immer in Gefahr sind, dass ihre unpopulären Seiten ins Licht der Öffentlichkeit hinüberschwappen, eine Notwendigkeit. Es braucht aber viel innerparteiliche Kommunikation, um das aufrechtzuerhalten, ohne für Unmut zu sorgen. Deshalb treffen sich in der KPÖ viele relevanten Akteure aus den Bezirken und Stadt einmal im Monat zum sogenannten „Allbürotreffen". Um politisch zu arbeiten, aber eben auch, um alle auf denselben Stand zu bringen.

„Die KPÖ funktioniert auch aufgrund der Kontinuität ihrer Funktionäre ein wenig wie eine Familie", sagt Gerald Winter-Pölsler, Redakteur im Graz-Ressort der *Kleinen Zeitung*. „Und wie es in Familien so ist: Wenn jemand Mist baut, dann redet man mit der Person und wirft ihn nicht gleich vor die Tür." Allerdings hätten die KPÖler:innen im Fall Murgg schon einige Gespräche geführt. Irgendwann könnte die Geduld also aufgebraucht sein. Vor allem, wenn die andere Seite nicht bereit ist, sich diszipliniert zu verhalten. Aus der KPÖ hört man tatsächlich, dass es Unmut gibt, sich für Murggs Alleingänge rechtfertigen zu müssen. Aber oft ist es gar nicht so einfach, schwierige Abgeordnete loszuwerden.

Zu einem Mandatsverzicht kann man Murgg rechtlich nicht zwingen. Und ein Parteiausschluss hätte für die KPÖ hohe Kosten: Im Landtag würde man den Klubstatus verlieren und damit um die „Förderung der landespolitischen Arbeit" (2021 waren das 86.000 Euro) und die Klubräumlichkeiten umfallen. Darüber hinaus würde auch die politische Arbeit stark beschnitten: Mandatar:innen, die keinem Klub angehören, haben in den Ausschüssen kein Stimmrecht. Man würde also nicht nur Murgg, sondern als Kollateralschaden auch die aktuelle Klubobfrau im Landtag, Klimt-Weithaler, kaltstellen. Besonders schwierig wird es, wenn die Politiker:innen über eine Hausmacht verfügen – wie Hörl in Tirol oder Murgg in der Obersteiermark.

Der Krieg in der Ukraine hat die internationalen Positionen der KPÖ wieder aufs Tablett gebracht. Die Opposition wird sie da nicht so einfach rauslassen und auch in Zukunft nach ähnlichen Themen Ausschau halten, um die Partei unter Druck zu setzen. Weil man in dieser Taktik einen Weg sieht, einer beliebten Politikerin des Mitbewerbers zu schaden. Andererseits aber auch, weil viele mit der Positionierung der KPÖ in diesen Fragen wirklich ein Problem haben. Und das ist wichtig zu verstehen: Die Positionen der KPÖ erwachsen nicht einfach aus „Sowjetnostalgie" oder Unbehagen mit der NATO, sondern stehen auf einem ideologischen, marxistischen Fundament. „Wir als KPÖ werden uns auch weiterhin für die Neutralität einsetzen. Und dafür, dass dieser Weg nicht verlassen wird – ohne Wenn und Aber und mit Leidenschaft", sagt Kahr bei ihrer Rede zum Neutralitätsfeiertag. Wer die Partei wählt – und sei es nur auf kommunaler Ebene –, der muss das ebenso sehen. Oder eben den Widerspruch aushalten.

[1] https://twitter.com/florianklenk/status/1576897115519086592 (zuletzt abgerufen am 13.10.2022)

[2] https://www.kpoe-steiermark.at/statement-zu-den-vorwuerfen-gegen-werner-murgg.phtml (zuletzt abgerufen am 13.10.2022)

[3] https://www.puls24.at/news/politik/causa-murgg-fuer-kpoe-buergermeisterin-elke-kahr-sind-aussa-gen-nicht-tragbar/277517 (zuletzt abgerufen am 13.10.2022)

[4] https://twitter.com/fraeuleinfroehl/status/1442824871327772679 (zuletzt abgerufen am 13.10.2022)

[5] https://stmk.spoe.at/fragen-an-die-kpoe/ (zuletzt abgerufen am 13.10.2022)

[6] https://www.kleinezeitung.at/politik/6041074/Affaere-Murgg_Elke-Kahr-KPOe_Ich-weiss-nicht-welcher-Teufel-ihn (zuletzt abgerufen am 13.10.2022)

[7] https://www.krone.at/2657629 (zuletzt abgerufen am 13.10.2022)

[8] https://www.kpoe-steiermark.at/dl/59a0b5b7aa721c376e894133c6bae09b/Landesprogramm%20 2012.pdf?target=1 (zuletzt abgerufen am 13.10.2022)

[9] https://www.kpoe-steiermark.at/30-antworten-auf-30-fragen.phtml (zuletzt abgerufen am 13.10.2022)

[10] https://kurier.at/politik/inland/kpoe-kahr-russland-sanktionen-koennen-krieg-nicht-been-den/402157590 (zuletzt abgerufen am 13.10.2022)

[11] https://www.kpoe-steiermark.at/30-antworten-auf-30-fragen.phtml (zuletzt abgerufen am 13.10.2022)

# 9. Kapitel

# Rückblick auf das erste Jahr

Seit 17. November 2021 ist in Graz die neue Koalition aus KPÖ, Grünen und SPÖ ein Jahr im Amt. Manches lief gut, anderes holprig. Ein marxistisches Versuchslabor ist Graz trotz der Warnungen aber nicht geworden.

Ende Juni 2022 hat Graz hohen Besuch. Das niederländische Königspaar ist gekommen, in Begleitung von Bundespräsident Alexander Van der Bellen. Protokollarisch geht es kaum größer. Es ist ein sonniger Tag. Elke Kahr spaziert freundlich lächelnd neben König Willem-Alexander und dessen winkender Frau Maxima über den Hauptplatz. Auch diese bisher wichtigste „Repräsentationspflicht" erledigt Kahr ohne Patzer. Als Medien sie später darauf ansprechen, reagiert sie für ihre Verhältnisse fast patzig. Sie hätte Graz ja auch schon vorher keine Schande gemacht.

Am 17. November ist es exakt ein Jahr her, dass sich der Grazer Gemeinderat neu konstituierte und Elke Kahr als Bürgermeisterin angelobt wurde. Seitdem muss sie ein paar Dinge tun, die sie vorher nicht getan hat und die für eine Kommunistin auch recht ungewöhnlich sind. Zum Beispiel freundlich lächelnd neben Menschen spazieren, die per Geburtsrecht einem Land vorstehen.

Wer heute durch die Hauptstadt der Steiermark spaziert, die seit einem Jahr von einer Kommunistin regiert wird, der wird Graz – sofern er es vorher kannte – durchaus wiedererkennen. Der Hauptplatz ist noch von Essensständen geprägt, keinen Militärparaden. Und die Opposition wurde auch nicht in Arbeitslager in die Obersteiermark gesteckt. Man muss die Veränderungen mit der Lupe su-

121

chen. Aber Kommunalpolitik ist, verglichen mit dem Nationalrat, halt ohnehin ein bisschen Politik mit der Lupe.

Die Regierungsperiode der neuen Grazer Stadtregierung begann mit einem „Kassasturz": Man müsse sich einen Überblick verschaffen, wie viel Geld überhaupt da sei (siehe Kapitel 1). Die Koalition beschloss erstmal kein eigenes Budget, sondern zog das Budget der Vorgängerregierung mit leichten Änderungen rüber in das Jahr 2022. Rechtlich ist das bis zu einem halben Jahr möglich. Es hatte aber den bizarren Nebeneffekt, dass die neue Regierung im Gemeinderat ein Budget verteidigen musste, das sie in Oppositionszeiten noch kritisiert hatte. Und das gegen Kritiker, die dieses Budget einmal selbst ausgearbeitet hatten.

In den ersten Wochen der Koalition wurde vor allem einmal viel abgedreht. Nagls U-Bahn-Projekt wurde genauso beerdigt wie die Pläne für eine teure Tiefgarage in der Innenstadt. Auch die Verschärfungen der Vergaberegeln für Gemeindewohnungen, 2017 von der türkis-blauen Stadtregierung auf Druck der FPÖ eingeführt, wurden wieder zurückgenommen. Bis dahin war nur ein Jahr ein durchgängiger Hauptwohnsitz in Graz notwendig, um sich für eine der 11.000 Gemeindewohnungen bewerben zu können. Schwarz-Blau verlängerte auf fünf Jahre. Das traf vor allem Nicht-EU-Bürger:innen, was wohl auch Sinn der Sache war. Es traf aber auch viele Menschen, die aus dem Grazer Umland in die Stadt ziehen.

Schnell kürzte die Koalition auch die städtische Klubförderung – wie im Wahlkampf versprochen – um 10 Prozent. Daneben gab es ein paar eher symbolische Einsparungen: Die Bürgermeisterin verzichtete ebenso wie ihre Stellvertreterin, Grünen-Chefin Judith Schwentner auf ihre Dienstlimousine und strich die Budgets für Repräsentationskosten im Rathaus zusammen. Diese Entscheidungen werden in Graz von manchem als Populismus gesehen. Aber sie treffen wenigstens vor allem jene, die sie beschlossen haben. Unterm Strich kann man wohl sagen: Im Inneren funktioniert die Koalition.

Die Reibereien und die Unfreundlichkeiten, die man hinter dem Rücken der anderen übereinander sagt, bewegen sich in einem normalen Rahmen. Viele Störungen sind eher atmosphärisch. Und die Achse zwischen Kahr und Schwentner ist intakt, sodass man gröbere Probleme zur Not auf höchster Ebene direkt ausräumen kann.

Viele Medien in der Steiermark zogen bereits Ende September, ein Jahr nach der Gemeinderatswahl, eine erste Bilanz. Unter Strich war der Tenor: Die Stadt stehe zwar – entgegen mancher Befürchtungen – immer noch. Große Veränderungen seien ausgeblieben, es wehe „aber ein neuer Wind im Rathaus"[1]. Bernd Hecke, Leiter des Graz-Ressorts der *Kleinen Zeitung*, brachte die Stimmung auf den Punkt: Trotz der weltweiten Aufregung um die kommunistische Bürgermeisterin sei im ersten Jahr „nicht wirklich viel passiert. Nicht im Guten, nicht im Schlechten."[2]

In der Koalition sieht man das naturgemäß anders. „Wir haben sehr viel umgesetzt", sagt Kahr entschlossen, wenn man sie mit der Kritik konfrontiert. Die KPÖ hat zum Jubiläum eine lange Liste erstellt.[3] Es gab größere, öffentlichkeitswirksame Maßnahmen wie die Aussetzung der Erhöhung der Müll- und Kanalgebühren und der Miete in den Gemeindewohnung. Es wurden Objektivierungsrichtlinien für die Postenvergabe bei der Stadt und ihren Unternehmen eingeführt, der Kautionsfonds (der für bedürftige Bürger:innen die Wohnungskaution auslegt) erweitert und die Preise für die Öffi-Jahreskarte eingefroren. Entsprechend ihrer Schwerpunktsetzung liegen die meisten Errungenschaften, über die in der KPÖ gerne gesprochen werden, im Sozialbereich. Der Energiekostenzuschuss wurde angehoben, der „Graz hilft"-Fonds für Menschen in außergewöhnlichen Notlagen wurde aufgestockt und der Bezieher:innenkreis der Sozialcard, mit der man kommunale Leistungen wie Eintritt in Bäder günstiger bekommt, erweitert. Punktuelle, sinnvolle und populäre Maßnahmen. Aber auch teure. Im Ressort von Robert Krotzer (Gesundheit und Pflege – hinzugekommen ist die Integration) erhalten Angestellte in den städtischen Pflegeheimen seit Oktober 175 Euro brutto mehr. Außerdem wurden die Zuzahlungen zur mobilen Pflege erhöht, sodass Menschen in häuslicher Pflege mindestens die Mindestpension bleibt.

Das größte Problem der Koalition ist dementsprechend schlicht das Geld. Also eigentlich das Fehlen desselben. „Was uns am meisten sorgt, ist das Budget", sagt Elke Kahr. Das gelte aber für alle Bürgermeister auf der Welt. „Es ist frustrierend, wenn du merkst, dass du ein Problem lösen könntest, dir aber das Geld dazu fehlt." Beim Geld hakt es auch gleich zu Beginn der Koalition. Die KPÖ will die Erhöhung der städtischen Gebühren aussetzen, wie sie es im Wahlkampf versprochen hat. Insbesondere die Grünen sind dagegen. Die KPÖ sagt, dass es die Menschen in Zeiten der Energiekrise ohnehin schwierig genug hätten. Und wahrscheinlich kann eine kommunistische Partei auch schwer die Bürgermeisterin stellen und als erste Amtshandlung Gebühren erhöhen. Die Grünen argumentieren, das sei viel Geld für eine sozial nicht treffsichere Maßnahme, die den einzelnen Haushalten wenig bringe. Und sie wissen wohl auch, dass in ihrem Ressort ohne Geld nichts weitergeht. Am Ende werden die Gebühren nicht erhöht.

„Auf sozialpolitischer Ebene hat die Koalition einige Markierungen gesetzt", sagt Heinz Wassermann, Politik-Experte von der Fachhochschule Joanneum. Das sei angesichts der Wichtigkeit des Themas für die KPÖ auch nicht anders zu erwarten gewesen. Weniger habe sich im Bereich Verkehr getan. „Fairerweise muss man aber sagen: Verkehrspolitik ist ein Bohren harter Bretter."

Die Frau, die diese harten Bretter bohren soll, ist Grünen-Chefin Schwentner. Es ist Donnerstagvormittag. Gerade hat eine Gruppe von Magistratsmitarbeitern ihr Büro verlassen, in einer Stunde muss sie schon wieder bei einer Veranstaltung sein. Man würde lügen, wenn man sagen würde, dass Schwentner eine einfache Aufgabe hat. In ihrem Ressort liegen die Themen Verkehr und Bauen. Also die

Themen, die den Wahlkampf 2021 bestimmten. Die Gefahr, dass sich eventueller Unmut auf Schwentner entlädt, ist realistisch. „Das Risiko ist da", räumt die Vizebürgermeisterin ein. „Ich hab die Verantwortung übernommen im Bewusstsein, dass das ein heikles Ressort ist."

Natürlich hat auch Schwentner eine Liste von Dingen, die in den ersten Monaten umgesetzt wurden. Im Bereich Verkehr sind das vor allem Teile der Radoffensive, also neue Abschnitte von Radwegen, die gerade im Bau sind. Es ist mittlerweile klar, dass die Bauarbeiten für die Innenstadtentlastungsstrecke – momentan fahren in Graz noch alle Straßenbahnen durch die Herrengasse – noch in dieser Regierungsperiode aufgenommen und fertiggestellt werden sollen. Dazu kommen Weichenstellungen, welche Verkehrsprojekte in den kommenden zehn Jahren anstehen sollen. Und einige Akzente wie die Einsetzung einer Fußgängerbeauftragten. In Graz gilt für neue Projekte mittlerweile eine Verkehrspriorisierung, die Fußgänger:innen vor Radfahrer:innen vor Autos setzt.

„Über diesen konkreten Umsetzungen steht für mich aber der Klimaschutzplan", sagt Schwentner. „Alles, was wir tun im Bereich Verkehr, im Bereich Bauen, soll dem Ziel dienen, dass wir die Klimawende schaffen müssen." In der Phase 1 des Plans wurde gemeinsam mit Partnern wie der TU Graz eruiert, wo die Stadt klimaschutztechnisch steht. Jetzt, in Phase 2, müssen alle relevanten Abteilungen der Stadt erheben, was ihr Beitrag sein kann.

Die Verkehrspolitik der neuen Koalition hat in den Wochen vor dem Gespräch mit Schwentner nicht die beste Presse bekommen. Und auch die eine oder andere Aktivist:in wird langsam unruhig. Das ist ihr durchaus bewusst. „Das ist natürlich auch der Tatsache geschuldet, dass meine Ressorts Zukunftsressorts sind. Und Zukunft wird geplant, kann aber nicht in zehn Monaten umgesetzt werden." Auf der anderen Seite gehen auch Vorgaben wie die Radfahrinitiative, die ein grünes Ressort schmücken, noch auf die alte Regierung zurück.

Was Schwentner so einfach aber auch nicht stehen lassen mag. „Der Vorgängerregierung hab ich zu verdanken, dass es einen Vertrag mit dem Land Steiermark gibt, dass wir gemeinsam in den kommenden zehn Jahren zehn Millionen Euro in die Radoffensive investieren werden", sagt sie. „Aber welche Infrastrukturmassnahmen da jetzt kommen, wo das Geld konkret ausgegeben und welche Notwendigkeiten priorisiert werden, das entscheide ich."

Die Grünen bräuchten vor allem Herzeigbares, sagen die Beobachter:innen. Ein Zukunftsressort sei schön und gut. Aber letztlich funktionierten auch Grüne nach einer politischen Logik: Ihre Wähler:innen wollen das Gefühl haben, dass etwas passiert. Im Bereich der Radwege sei unter Schwentner vor allem dort etwas vorangegangen, wo man anderen nichts wegnehmen müsse, ist zu hören.

In Sachen Transparenz und Demokratisierung ist in der Stadt einiges in die Wege geleitet worden. Heute haben, anders als unter Schwarz-Blau, wieder alle im Gemeinderat vertretenen Parteien ein Entsenderecht in die Aufsichtsräte städtischer Unternehmen. „Wir können das nicht als Oppositionspartei andauernd fordern und es dann als Regierung anders machen", sagt Kahr. Der Kontrollausschuss der Stadt – unter Führung der Neos – erarbeite gemeinsam mit dem Stadtrechnungshof ein Transparenzpaket inklusive Deckelung der Wahlkampfkosten, das auch die Koalition unterstützt. Im März wurden Objektivierungsrichtlinien für die Besetzung von Jobs bei der Stadt verabschiedet, Ende September folgten Regeln für Jobs bei den städtischen Unternehmen, also der Messe Graz und der Holding Graz. Aus Sicht der Opposition hält aber nicht jede dieser Neuerungen, was sie verspricht. So müssen bei den städtischen Unternehmen zwar Leitungsfunktionen verpflichtend ausgeschrieben werden und die Hearing-Kommission einen ungereihten Vorschlag erstellen. Die Letztentscheidung liegt dann aber beim zuständigen Stadtrat, aktuell Manfred Eber von der KPÖ.

Das zweite grosse Thema der Wahl, das Bauen, bleibt kompliziert.

Die Bürger:inneninitiativen, die schon Nagl am Ende seiner Amtszeit scharf kritisiert haben, zeigen sich bereits unzufrieden. Es würde genauso weitergebaut wie zuvor. Viel Streit gibt es aktuell um einen Bebauungsplan, der es ermöglichen würde, im Uni-Viertel Anbauten an Biedermeierhäuser in einen grünen Innenhof hineinzubauen. Es gibt bereits eine Bürger:inneninitiative dagegen. Das Thema ist unangenehm, auch weil es die erste größere Baustelle in der Amtszeit der grünen Vizebürgermeisterin wäre.

Redet man mit der zuständigen Vizebürgermeisterin und ihrem Büro, wird darauf verwiesen, dass Bebauungspläne eine lange Vorlaufzeit hätten. Bei Projekten, die bereits bewilligt seien, seien einem die Hände gebunden. Man könne da nur noch versuchen, punktuelle Verbesserungen hineinzuverhandeln, was oftmals auch gelungen sei. „Was man bislang gesehen hat, trägt schon meine Handschrift", sagt Schwentner. Aber noch nicht so, wie das, was in der Zukunft kommen werde. So wolle man beispielsweise der ausufernden Baudichte im Grüngürtel einen Riegel vorsetzen. „Das und vieles mehr ist in Arbeit."

Langsam werden die ersten Bebauungspläne mit grüner Handschrift öffentlich. Nicht alles daran stößt beim Koalitionspartner auf Begeisterung. Grüne und KPÖ sind bei allen Gemeinsamkeiten letztlich doch sehr unterschiedliche Parteien. Im Habitus, in den Entscheidungsprozessen. Aber auch in ihrem Zugang zu Themen wie der Stadtplanung. So würden die Grünen in der Innenstadt gern mehr nachverdichten, also bislang freie Flächen nutzen, während die KPÖ das tendenziell als Gefahr sieht, Viertel zu gentrifizieren.

Am Ende landet man aber immer wieder beim Geld. Im Juni 2022, fast am Ende der gesetzlichen Frist, verabschiedet der Gemeinderat schließlich das Doppelbudget für 2022/23. Schon da vermuten Kritiker, dass dieses zu knapp kalkuliert sei und nicht halten werde. Diese Sorge wird sich als berechtigt herausstellen. Anfang Oktober wird Mitarbeiter:innen der Finanzabteilung und Stadtrat Manfred

Eber klar, dass man den Bühnen Graz – die GmbH gehört zur Hälfte der Stadt, zur Hälfte dem Land – aufgrund der hohen Inflation eine ebenso hohe Indexanpassung zahlen muss. Konkret bedeutet das eine Erhöhung der Zuwendungen der Stadt um 1,7 Millionen Euro. Dem Finanzstadtrat ist das zu viel, die Anpassung ist aber vertraglich fixiert. Eber fordert Kulturstadtrat Günter Riegler von der ÖVP auf, nach Einsparungspotenzialen in seinem Ressort zu suchen. Die Grazer Kulturszene ist in heller Aufregung, die neue SPÖ-Graz-Chefin Doris Kampus legt sich öffentlich quer. Es kommt zu einem runden Tisch. Am Ende bekommen die Bühnen Graz ihre Erhöhung.

Gleichzeitig muss Eber aber einräumen: Das Budget wird nicht halten. Die Teuerungen und die zu erwartenden Lohnerhöhungen für die städtischen Angestellten lassen die Pläne links und rechts ausrinnen. Man müsse noch einmal alles durchrechnen. „Im Grunde war das eine politische Bankrotterklärung", sagt Gerald Winter-Pölsler, von der *Kleinen Zeitung.* „Ein Budget, das nur drei Monate hält und an einer bekannten und vertraglich fixierten Anpassung scheitert – das darf nicht passieren." Winter-Pölsler führt das auch auf eine ungünstige Gesamtsituation zurück: Der neue Finanzdirektor Stefan Tschikof, der noch unter der alten Regierung bestellt wurde, ist seit Ende Oktober 2021 im Amt, der zuständige Stadtrat seit Mitte November. „Sowas wäre den Vorgängern nicht passiert."

Finanzstadtrat Manfred Eber ist ein freundlicher Mann mit grauen Haaren. Er lacht viel, obwohl sein Job gar nicht so viel zum Lachen bietet. „Das Hauptproblem sind die mannigfaltigen Krisen, mit denen wir konfrontiert sind", verteidigt sich Eber, wenn man ihn fragt, warum das Budget nicht gehalten hat. Man habe die Corona-Krise noch immer nicht ganz überwunden, ab Februar sei dann noch der Ukraine-Krieg dazugekommen. „Dadurch haben wir es jetzt mit einer sehr hohen Inflation zu tun, vor allem im Bereich Energie und Baukosten. Das trifft natürlich die Stadt massiv." In der Koalition

fällt Eber ein bisschen die Rolle des Spielverderbers zu. Der Ruck-
sack von 1,6 Milliarden Euro Schulden, den er von der Vorgängerregierung geerbt habe, sei eine hohe Last. Und auch mit dem Aufnehmen neuer Schulden sei das nicht so leicht, wie man sich das
vorstelle, auch dafür gäbe es Regeln, unter welchen Umständen das
zulässig sei. „Wir haben – das kann man auch offen sagen – sehr
begrenzte Spielräume."

Die angespannte budgetäre Situation lässt es im Herbst 2022 auch
erstmals in der Koalition merkbar knirschen. Eber muss im Ver-
kehrsbereich einige Projekte im Ressort von Schwentner verschieben
und steht, was teure Investitionen angeht, eher auf der Bremse.
Manch ein Grüner hat wiederum das Gefühl, dass die KPÖ ihre
teuren Wahlversprechen im Sozialbereich durchgezogen habe, dem
Verkehr jetzt aber das Geld abdrehe. „Wir haben eine sehr angespannte budgetäre Situation", sagt Schwentner salomonisch. Man
müsse schauen, dass man eine Mittelfrist-Planung zustande kriege,
die soziale Absicherung und Zukunftsperspektive unter einen Hut
bekomme. Dem hätte sich alle Partner verschrieben. „Aber es wäre
gelogen zu sagen, dass wir nicht intensive Diskussionen führen."

Die SPÖ Graz stellt keinen Stadtrat und nur vier Gemeinderäte (bei
der KPÖ sind es 15, bei den Grünen neun). Bis Herbst 2022 wurde
sie zudem von Michael Ehmann geführt, von dem man seit der Wahl
wusste, dass er sein Amt an seine Nachfolgerin übergeben wird. So
bleibt die Partei in der Koalition aktuell blass. Sie hat auch das Problem, dass sie thematisch zwischen KPÖ und Grünen eingequetscht
ist: Mit den Kommunist:innen gibt es hohe Überschneidungen im
Sozial-, mit den Grünen im Umweltbereich. Die Koalitionspartner
stellen aber für diese Themen die zuständigen Stadträte, sodass Erfolge nicht auf das Konto der SPÖ einzahlen. Als Zugeständnis für den
Eintritt in die Koalition schnürte man für die SPÖ ein kleines Paket:
Die Partei ist in der Koalition federführend für die Reform der städtischen Unternehmen und Beteiligungen verantwortlich und hatte

das Recht, den Aufsichtsratsvorsitzenden der Holding Graz zu bestimmen. Außerdem bekam sie den Vorsitz in vier wichtigen Ausschüssen (Verkehr und Stadtplanung, Bildung und Familien, Frauen, Soziales). Einflussreiche Positionen, die aber eine geringe Strahlkraft nach außen haben. Die neue Chefin der SPÖ Graz, seit September im Amt, muss sich im Gegensatz zu ihrem Vorgänger ein Profil aufbauen. Sie kommt allerdings aus der Landespolitik und hat keine Position in der Stadtpolitik. Beobachter:innen erwarten, dass Doris Kampus aus den oben skizzierten Gründen gegenüber den Koalitionspartnern härter auftreten wird.

Wahrscheinlich ist in Graz im ersten Jahr ein bisschen mehr passiert, als so manche enttäuschte Stimme einen glauben lassen kann. Das Beispiel zeigt aber auch, dass auch kommunistischen Parteien im parlamentarischen Prozess enge Grenzen gesetzt sind. Die neue Koalition funktioniert in vielen Dingen so wie jede andere Koalition auch. Grundlegende Veränderungen brauchen Zeit. Das müssen auch die erkennen, die nach dem Sieg der KPÖ hohe Erwartungen hatten. „Die Frage ist aber auch: Wer hatte so hohe Erwartungen, und wer hat diese geweckt?", sagt Winter-Pölsler. Gerade im Bereich des Bauens hätte es im Wahlkampf teilweise so geklungen, als würde am Tag nach der Wahl alles anders. Das müsse man jetzt ausbaden. Die KPÖ betont, im Wahlkampf nie einen Baustopp versprochen zu haben. Als das Koalitionsabkommen vorgestellt wurde, sagte mancher Beobachter, die Regierung würde keine zwei Jahre halten. Winter-Pölsler sieht das anders. „Für die handelnden Akteure und ihre Parteien ist das eine Chance, die so wohl nur einmal pro Generation kommt. Da hält man so manches aus."

---

[1] https://steiermark.orf.at/stories/3174960/ (zuletzt abgerufen am 14.10.2022)
[2] https://www.kleinezeitung.at/steiermark/graz/6194103/Die-Klippen-von-Leningraz (zuletzt abgerufen am 14.10.2022)
[3] https://www.kpoe-graz.at/versprochen-gehalten.phtml (zuletzt abgerufen am 14.10.2022)

# 10. Kapitel

# Ausblick

Wie geht es in Graz weiter? Welche Entwicklungsspielräume hat die KPÖ Steiermark? Und ist das „Grazer Modell" kopierbar? Ein Blick in die Glaskugel.

Niemand liest Leitanträge, was so verständlich wie schade ist. Diese grob gehaltenen Absichtserklärungen, in denen Parteien ihre Leitlinien festlegen und die in regelmäßigen Abständen an Parteitagen diskutiert und abgesegnet werden, sind für ihre schwammigen und unkonkreten Aussagen berüchtigt. Aber wer genau hinschaut – auf die Wahl der Themen, die Gewichtung, was drin steht und was nicht –, der kann erahnen, was Parteien mit Blick auf ihre eigene Zukunft bewegt, welche Wege sie für realistisch halten und welche Herausforderungen sie dabei sehen.

Im Mai 2022 verabschiedete die KPÖ Steiermark auf ihrem Parteitag in Graz den Leitantrag „Inspirieren! Organisieren! Bewegen!". Darin wurden einige altbekannte Grundsätze niedergeschrieben, aber auch ein Schwerpunkt darauf gelegt, was nach der großen Zäsur im Herbst 2021 an notwendigen Veränderungen anstehe. Manches wirkt fast ein wenig skurril: Wenn es im Punkt 2.2 heißt „Die Erledigung von Aufgaben auf den sprichwörtlich letzten Drücker mag menschlich verständlich sein. Für unser gemeinsames Wirken als Kommunistische Partei ist eine solche Herangehensweise jedoch (…) schädlich", dann kann sich jede:r aus eigener Erfahrung vorstellen, was dahinter steckt.

Viel Platz nimmt im Antrag die Erweiterung der Parteibasis ein. Die KPÖ soll „qualitativ und quantitativ" wachsen. Man braucht mehr aktive Mitglieder, vor allem für die ressourcenintensive außerparlamentarische Arbeit. Gleichzeitig will man sich aber auch nicht einfach selbst aufblasen, sondern mit den richtigen Menschen wachsen. Mit der langsamen Einbindung neuer Kräfte hat sich die KPÖ eine weitgehend erstaunlich disziplinierte und schlagkräftige Partei geschaffen. Aber das geht nicht von heute auf morgen. Speziell der unerwartete Erfolg in den Bezirken stellt die KPÖ vor einige Probleme. So viele Aktive, denen man vertrauen kann, hat die Partei einfach nicht.

Die einzelnen Punkte (vor allem 5.7, „Die personelle und organisatorische Basis unserer Partei stärken") deuten darauf hin, dass die geringe Zahl an aktiven KPÖ-Mitgliedern nicht nur auf einer Negativauslese beruht. Die Partei leidet an strukturellen Problemen, die viele Organisationen kennen. Bei vielen potenziell vielversprechenden Neumitgliedern schläft die Einbindung irgendwann ein, die Listen mit den Kontakten der Aktiven und die Informationsweitergabe funktioniert noch nicht so, wie man sich das vorstellen würde. Im Leitantrag heißt es, dass man der Mitgliederwerbung und -einbindung in den kommenden Monaten und Jahren verstärkt Aufmerksamkeit zuwenden wolle. „Als ein Ziel dieser Bestrebungen sehen wir, dass wir innerhalb eines Jahres mindestens ein Drittel unserer Mitglieder in die aktive Mitarbeit in unserer Partei einbinden wollen."

Diese organisatorischen Weiterentwicklungen sind notwendig, wenn sich die KPÖ als politische Kraft weiterentwickeln will. Für die Bobachter:innen von außen sind im Hinblick auf die Zukunft aber vor allem drei große Fragen interessant: Wie geht es in Graz weiter? Welche Entwicklungsspielräume hat die KPÖ Steiermark? Und – vor allem aus kommunistischer Perspektive interessant – ist das „Grazer Modell" kopierbar?

Prognosen über die Langlebigkeit von Koalitionen sind müßig. Im Kapitel 9 wurden einige Bereiche genannt, in denen es für Kahr,

Schwentner und Co. wahrscheinlich nicht einfacher werden wird. Im Herbst 2022 macht die Koalition aber grundsätzlich einen stabilen Eindruck. Die Verantwortlichen wissen auch, dass die Chance, die zweitgrößte Stadt Österreichs in einer linken Regierung mit zwei Frauen an der Spitze zu führen, so schnell vielleicht nicht wiederkommt. Freiwillig geht da wohl keiner raus, solange es noch die Möglichkeit gibt, Projekte umzusetzen, die man den eigenen Wähler:innen verkaufen kann. Die Koalition hat auch das Glück, dass sich die Opposition noch nicht gefunden hat. Die ÖVP sucht nach dem Machtverlust immer noch ihre Rolle, die FPÖ ist mit sich selbst beschäftigt, die Neos sind wenige. Und so ärgerlich für alle Beteiligten die öffentlichen Diskussionen um die Position der KPÖ zum Ukraine-Krieg sind: Eine Stadtkoalition scheitert nicht wegen eines Themas, das gar nicht in ihre Zuständigkeit fällt. Zumal die Fronten bei dem Thema so klar sind, dass sich die Koalitionspartner gut abgrenzen können.

Die große Sollbruchstelle ist das Geld. Bekommt die Koalition das Budget nicht in den Griff und bleiben auch die ersehnten Hilfszahlungen von Bund und Land, die auch der Städtebund fordert, aus, dann kann die Situation schnell für alle ungemütlich werden. Die meisten Beobachter:innen sagen aber, dass die KPÖ einen Bruch der Koalition wenig fürchten muss, solange sie ihre Themen konsequent bearbeitet, keine untragbaren Kompromisse schließt und beides auch offensiv erzählt. Die KPÖ, die konsequent ihre Außenseiterrolle betont, werde eher danach bewertet, ob sie Linie hält, als an der koalitionären Gesamtperformance.

Und schließlich – auch wenn das angesichts der Übernahme des Bürgermeisteramts weit weg erscheint – wird irgendwann der Moment kommen, in dem auch Elke Kahr mal genug von der hauptamtlichen Arbeit hat. Mit Robert Krotzer ist der Nachfolger bereits bestimmt. Dass er persönlich ganz anders rüberkommt als die Bürgermeisterin, muss kein Problem sein. Auch Kaltenegger und Kahr waren sehr unterschiedlich. Er der Teddybär, sie das kommunikatiye Energiebündel. Aber die Frage ist, wie nahtlos ein Übergang gestaltet werden kann. Bei der Wahl 2008 kam es zur berühmten „Kaltenegger-Delle": Nach dem Wechsel ihres populären und bekannten Vorgängers in den Landtag halbierte Kahr bei ihrem ersten Antreten als Spitzenkandidatin das Ergebnis von 2003 gleich einmal. Dazu muss man aber auch wissen, dass die KPÖ 2003 unter anderem von einer sehr schwachen FPÖ profitierte, die sich bis 2008 wieder erholt hatte.

Ist die KPÖ in Graz mit knapp 300 Mitgliedern schon recht klein, wird es außerhalb des Ballungsraums noch düsterer. In der Reststeiermark hat die KPÖ 200 Aktive, viele davon geballt in der industriellen Obersteiermark. Und so verteilen sich die Stimmen bei den Landtagswahlen auch. Die Landesorganisation profitiert massiv von einer starken und erfolgreichen Grazer Bezirkspartei. Zum einen atmosphärisch: Auch in der KPÖ geht man davon aus, dass landesweite Umfragen mit 10 Prozent plus zumindest teilweise auf Kahr und die Geschehnisse in Graz zurückzuführen sind. Zum anderen aber auch wahlarithmetisch. Ein starkes Ergebnis in Graz und Umgebung ist für die KPÖ der leichteste Weg, um ein Grundmandat zu holen fix im Landtag zu sitzen (siehe Kapitel 7). Die außerparlamentarischen Aktivitäten der KPÖ Graz zahlen außerdem auch auf das Konto der Landespartei ein. Luft ist auch in Graz noch nach oben: Bei der Landtagswahl 2019 wählten knapp 15.000 Grazer:innen die KPÖ, bei der Gemeinderatswahl – bei der es allerdings mehr Wahlberechtigte gab, weil auch EU-Bürger:innen wählen dürfen – waren es über 32.000. Das scheint noch nicht ausgeschöpft, da geht noch was.

Bezüglich noch höherer politischer Ebenen kann man die besorgten Stimmen wohl ein wenig beruhigen: Die Chance, dass Österreich in den nächsten 20 Jahren sozialistisch wird, ist überschaubar. Das Beispiel aus Graz zeigt ja, dass Kommunismus nur von unten und sehr langsam aufgebaut werden kann. Wenn überhaupt, das historische Beispiel dafür steht ja noch aus. Das haben mittlerweile auch die Kommunist:innen erkannt, zumindest die klugen. Bolschewistische Ideen, bei denen die Revolution von einer kleinen Elite ausgeht, die dann erwartet, dass die Menschen die Errungenschaften des Sozialismus gefälligst zu würdigen wissen, sind nur noch für wenige eine attraktive Idee. Das braucht man nicht mal moralisch aufzuladen – die Geschichte zeigt, dass es nicht funktioniert.

In der steirischen KPÖ gibt es die – nicht unbegründete – Hoffnung, dass der Grazer Wahlerfolg eine Strahlkraft nach außen entwickelt und dabei hilft, Ortsgruppen auch außerhalb der Ballungsräume zu gründen oder wiederaufleben zu lassen. Unter jungen Linken ist Kahr enorm beliebt. Es ist einer der wenigen Fälle, wo die Linke die Attacken auf eine prominente Figur aus ihren eigenen Reihen wirklich dem politischen Gegner überlässt. Aber mal unabhängig von der Strahlkraft: Ließe sich das „Grazer Modell" überhaupt kopieren, so man denn wollte? Dem Wahlerfolg im September ging wohl wirklich eine sehr spezielle Gemengelage voraus. Die Konstellation, dass man gegen einen Langzeitbürgermeister antrat, der seine Zeit weit überschritten hatte, als man es in der eigenen Partei gemerkt hatte, half enorm. Und dass die Mängel in Nagls Bilanz vor allem in Bereichen wie Verkehr und Bauen lagen, die für jeden sichtbar und nicht mal eben im Wahlkampf zu ändern sind, ebenfalls. Aber die KPÖ hatte sich bei den Bürger:innen ausreichend Vertrauen aufgebaut, um in die Lücke springen zu können. Und das liegt natürlich an der Arbeit der Jahre und Jahrzehnte davor, die – auch das gehört zur Wahrheit – von sehr vielen Wahlabenden geprägt war, die ohne Erfolg und Party endeten. Über die Methoden, mit der die KPÖ Graz wurde, was sie ist, bis zur Bürger:innenberatung wurde in den vorangegangenen Kapiteln viel geschrieben. Aber der Weg war ein langer. Es gab Rückschläge und keine Erfolgsgarantie. Es kam, neben der planmäßigen Arbeit der Verantwortlichen, eben auch einfach viel zusammen.

Ein weiterer wichtiger Faktor ist wohl die erstaunliche Kontinuität der handelnden Personen. Als Elke Kahr in den Gemeinderat einzog, war Sebastian Kurz gerade sieben Jahre alt. Ernest Kaltenegger saß fast 30 Jahre in Gemeinderat, Stadtsenat und Landtag. Das braucht nicht nur den persönlichen Willen der Politiker:innen, so lange an Dingen dran zu bleiben, sondern auch die Bereitschaft einer Partei, insbesondere den jungen Mitgliedern, sie Positionen so lange „verstopfen" zu lassen. Wenn man jemanden so lange kennt, verliert er irgendwann seinen Schrecken. Und irgendwann tritt in einer doch überschaubaren Stadt wie Graz ein gewisser „Familien-Effekt" ein: Er mag zwar ein Kommunist sein, aber er ist unser Kommunist.

Gewisse demografische Gründe, wie die knapp 60.000 Studierenden in der Stadt – viele aus EU-Mitgliedsstaaten und damit auf Gemeindeebene wahlberechtigt –, mögen ebenfalls eine Rolle gespielt haben. Über einen anderen Einflussfaktor wird selten geredet: die Proporzregierung. Sie ermöglicht es, bereits mit knapp 10 Prozent der Stimmen einen Stadtrat zu bekommen. Wenn die Konstellation stimmt (wie es lange bei der KPÖ und dem Thema Wohnen war), kann man als Partei mit den Büroressourcen einer Stadträt:in Dinge umsetzen und gleichzeitig Oppositionspolitik betreiben. Dazu kommt die Regierungserfahrung, die auch skeptischen Bürgerlichen das Gefühl gibt, potenziell keine „Barbaren" ins Amt zu wählen.

Zur Akzeptanz, gerade am Anfang, trug auch bei, dass sich Ernest Kaltenegger das richtige Thema zur richtigen Zeit gesucht hat. In den 1980er Jahren gab es in Graz tatsächlich so etwas wie eine „Baumafia", die versuchte, ihre Mieter:innen rauszuekeln. Das waren keine Einzelfälle. Das Thema wurde von der Politik lange nicht ernst genommen. Und wenn die zuständigen Personen lang genug schweigen und der Kommunist lang genug auf einem Thema draufbleibt, dann hört man ihm irgendwann zu.

Und schließlich war auch die Konkurrenz stellenweise schwach. Der Abstieg der Sozialdemokratie in Graz war rasant. Zwischen 2003 und 2017 fiel die Partei von knapp 26 auf 10 Prozent. Die KPÖ nahm ihr dabei natürlich auch massiv Stimmen ab. Aber die SPÖ beging in Graz auch strategische Fehler. Nach Verlusten bei der Wahl 2012 legte sie Sektionen zusammen, um die Parteiarbeit effizienter zu machen. Das sorgte gleichzeitig aber dafür, dass die Partei noch weiter von den Bürger:innen entfernt war. Was bei einer Konkurrenz wie der KPÖ natürlich doppelt so fatal ist. Die Verantwortlichen haben mittlerweile erkannt, dass das ein „historischer Fehler" war, den man gerade wieder rückabwickelt.

Man kann sehr viele überzeugende Gründe finden, die einen Beitrag zum Erfolg der KPÖ in Graz und der Steiermark beigetragen haben. Aber je mehr man sich damit beschäftigt, desto mehr zeigt sich die Wichtigkeit von zwei Faktoren: ein überzeugendes Gesicht an der Spitze und Zeit. Viele Dinge, die die KPÖ in der Steiermark tut, funktionieren vor allem deshalb gut, weil sie diese Dinge dort schon sehr lange tut. Dass es sozial akzeptiert wird, dass eine Politikerin Teile ihres aus Steuergeld bezahlten Gehalts unmittelbar an Bürger:innen zurückverteilt, liegt ja auch daran, dass Elke Kahr unbestritten integer ist, es transparent tut und die Menschen Vertrauen haben, dass es zu denen wandert, die es brauchen. Solch ein Vertrauen kriegt man aber nicht geschenkt, das muss man sich erarbeiten. Dementsprechend ist die eigentliche Frage nicht, ob das Grazer Modell kopierbar ist, sondern ob man bereit ist, die Zeit und Mühe zu investieren ohne sichere Aussicht auf (Wahl-)Erfolg. Und wenn die Antwort ja ist, sollte man am besten gestern damit angefangen haben.

Aber vielleicht geht es auch nicht darum, alles so zu tun wie die Grazer, sondern sich von ihren Prinzipien inspirieren zu lassen. Die Idee, Menschen erstmal konkrete, nützliche Hilfe zukommen zu lassen, ihnen die Scheu zu nehmen und sie – bei Interesse – erst später an kommunistische Ideen und Themen heranzuführen, lässt sich ja auf unzählige Weise bewerkstelligen. Die junge Linke – formal unabhängig, aber mit der KPÖ assoziiert – baut seit April unter dem Titel „Lernnetz" eine bundesweite Nachhilfe-Börse auf, die Menschen mit der Bereitschaft, kostenlos Nachhilfe zu geben, mit Schüler:innen zusammenbringt. In größeren Städten wie Wien und Linz gibt es dazu auch „Lerncafés", wo man sich treffen kann. Das ist nicht das „Grazer Modell", aber es ist das selbe Playbook. Was ja auch nicht in Graz erfunden wurde. Auch die frühe Arbeiter:innenbewegung war zu einem Teil einfach sehr konkrete Hilfe.

Und letztlich hat es wohl auch geholfen, dass es umgängliche Brückenbauer:innen wie Elke Kahr und Ernest Kaltenegger waren, die die KPÖ in der Steiermark und ihrer Hauptstadt aufgebaut haben. Die sich geweigert haben, faule Kompromisse mit dem parlamentarischen Mitbewerber einzugehen. Die sich aber nie geweigert haben, ernsthaft mit diesem zu reden.

Hanno Wisiak sitzt im Besprechungsraum des KPÖ-Klubs im Grazer Gemeinderat und streicht sich durch den Bart. Er ein freundlicher, ruhiger Mann, wie viele in der KPÖ. Der 40-Jährige ist seit Studientagen in der KPÖ aktiv, seit knapp zehn Jahren arbeitet er hauptamtlich für die Partei im Rathaus. Er war erst im Klub tätig, baute ab 2017 das Büro für Robert Krotzer auf und wechselte später wieder in den Klub. Der Mann kennt seine Partei und weiß, wo ihre Schwächen und Stärken liegen? Herr Wisiak, lässt sich das Grazer Modell kopieren? „Na klar kann man das kopieren", sagt er und macht eine Pause. „Aber man kann die Personen nicht klonen."

# Danksagung

Danksagungen können unangenehm sein, deshalb mach ich es kurz. Dieses Buch wäre ohne die Hilfe folgender Menschen nicht möglich gewesen: Den Leuten im Verlag, die mir unangenehme Wahrheiten über mein Manuskript nicht erspart haben. Meinen Freunden, die akzeptiert haben, dass ich mich für ein paar Wochen noch seltener gemeldet habe. Dem Bäcker vor meiner Haustür, der mich in dieser Zeit quasi exklusiv ernährt hat. Die vielen Journalist:innen, die sich vor mir mit dem Thema beschäftigt haben und auf deren Arbeit dieses Buch aufbaut. Und nicht zuletzt den Menschen, die bereit waren, sich mit mir hinzusetzten und meine dummen Fragen zu beantworten. Sie alle haben ihren Anteil. Danke dafür.

# Der Autor

Jonas Vogt (37) ist freier Journalist. Ursprünglich aus dem Rhein-
land, mittlerweile seit über 15 Jahren in Wien zuhause. Der studier-
te Politikwissenschaftler schreibt für Medien wie *Der Standard*,
*Datum* und *Die Zeit* über Politik, Gesellschaft und die Welt im Allgemeinen. Ihn erstaunt selbst am meisten, dass er es geschafft hat,
ein Buch fertig zu schreiben.